COOL DOWN!

Entspannungs- und Konzentrationsübungen im Schulalltag

Verlag an der Ruhr

Impressum

Titel
Cool down!
Entspannungs- und Konzentrationsübungen
im Schullalltag

Autorin
Doris Stöhr-Mäschl

Titelbildmotiv
Felix Rieckmann

Illustrationen
Norbert Höveler

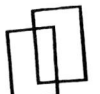

Verlag an der Ruhr
Mülheim an der Ruhr
www.verlagruhr.de

Geeignet für die Klassen 5–13

Unser Beitrag zum Umweltschutz

Wir sind seit 2008 ein ÖKOPROFIT®-Betrieb und setzen uns damit aktiv für den Umweltschutz ein. Das ÖKOPROFIT®-Projekt unterstützt Betriebe dabei, die Umwelt durch nachhaltiges Wirtschaften zu entlasten. Unsere Produkte sind grundsätzlich auf chlorfrei gebleichtes und nach Umweltschutzstandards zertifiziertes Papier gedruckt.

© Verlag an der Ruhr 2010
ISBN 978-3-8346-0661-7

Printed in Germany

Inhaltsverzeichnis

Inhaltsverzeichnis

Vorwort

Warum dieses Buch Entspannung bringt

Zufriedenheit und innere Ausgeglichenheit sind für Jugendliche und junge Erwachsene eine wichtige Voraussetzung für gutes Lernen und Arbeiten. Doch immer häufiger bestimmen Hektik, Bewegungsunruhe, mangelnde Konzentrationsfähigkeit und der ständig wachsende Leistungsdruck den (Schul-)Alltag der Jugendlichen.

Auch die Lehrer sehen sich den Folgen einer schnelllebigen Bildungspolitik ausgesetzt: Übervolle Klassen, unruhige, problematische Schülerpersönlichkeiten und der Zeitdruck bei der Stoffvermittlung bringen Lehrer und Schüler zunehmend in psychische und physische Bedrängnis. So wird es immer wichtiger, die Ruhe zu finden, sich geistig zu sammeln, den Körper wieder wahrzunehmen und die notwendige Kraft zu schöpfen, um den Anforderungen in Schule, Freizeit und Familie gerecht zu werden.

Dieses Buch zeigt Ihnen, wie Sie ohne großen Aufwand ruhe-, konzentrations- und gesundheitsfördernde Übungen in den Unterricht integrieren können. Der Blick auf die eigene Befindlichkeit, die Stärkung der Aufmerksamkeit und die Fähigkeit, die Signale unseres Körpers wieder wahrzunehmen, werden dabei dauerhaft trainiert.

Zum Einsatz dieses Buches

Die Übungen richten sich an Jugendliche ab 12 Jahren. Viele Aktivitäten sind auch noch für Erwachsene sinnvoll, z.B. die vielseitigen Atemübungen oder Muskelentspannungsübungen.

Ob in der Schule, in der Weiterbildung oder in der Freizeit, die Auswahl der Übungen lassen sich in vielen Bereichen erfolgreich einsetzen.

Die Zeitangaben sind nur Richtwerte. Die Übungen können zeitlich individuell erweitert oder verkürzt werden. Konzentrations- und Wahrnehmungsübungen, Atemübungen, Lockerungsübungen für die Muskeln, Beispiele für positive Denkmuster, Zielfindung und entspannende Fantasiereisen sorgen zwischen den Stunden für eine wohltuende und aufmerksamkeitsfördernde Unterbrechung im Schulalltag.

COOL DOWN!

Zur Umsetzung der Übungen

Einige der vorgestellten Übungen können bei entspannungsunerfahrenen Schülern zu Unsicherheiten (Lachzwang, verbalen Unterbrechungen oder sonstige Störungen) führen.

Die im Buch aufgeführten Tipps helfen Ihnen und den Schülern, eventuell auftretende Störungen in den Griff zu bekommen bzw. diese im Vorfeld zu vermeiden.

Versuchen Sie, ohne Mitmach-Zwang zu arbeiten und die Schüler stattdessen zu einer freiwilligen Teilnahme zu motivieren.

Die Übungen können sowohl im Klassenzimmer als auch in der Turnhalle oder im Freien durchgeführt werden.

Die Unterteilung nach Atem-, Ruhe- und Entspannungsübungen, mentalem Training, Fantasiereisen, Bewegungs- und Muskelübungen und Konzentrationsübungen erleichtert Ihnen die schnelle Auswahl je nach eigener Zielsetzung.

Das kleine Handsymbol ✋ steht für eine kurze Pause (ca. 5 Sek.), die Sie beim Sprechen einlegen sollten, um den Schülern die Möglichkeit zum Nachdenken, Nachspüren oder Träumen zu geben.

Arbeiten Sie mit viel Lob, Anerkennung und kleinen Belohnungen. In unserer Zeit vergessen wir oft die Bedeutung verbaler Streicheleinheiten. Auf diese Weise leisten Sie einen positiven Beitrag zur Veränderung des Klassenklimas und ermutigen die Schüler zum Mitmachen.

An dieser Stelle noch ein herzliches Dankeschön an meinen Mann Anton und meine beiden Kinder Eva und Florian für ihre tolle Unterstützung.
Besonderer Dank an meine langjährige Freundin Annette Petrul, der ich dieses Buch widme.

Nun wünsche ich Ihnen viel Spaß und Erfolg bei der Umsetzung der Übungen.

Doris Stöhr-Mäschl

Einführung

Hinweise zu den Übungen

Atemübungen

 Wir atmen in entspanntem Zustand ca. 23 000-mal am Tag. Dies entspricht einem Volumen von 12½ Kubikmeter Luft. Bei jedem entspannten Einatmen fließt etwa ½ Liter Sauerstoff in unsere Lunge ein, wobei das Lungenvolumen im Schnitt etwa 5 Liter Luft umfasst. Die gesündeste Atmung ist die Bauch- bzw. Zwerchfellatmung. Durch die Kontraktion des Zwerchfells, unseres größten Einatemmuskels, entsteht ein Unterdruck. Die Lunge dehnt sich dadurch aus und lässt die Luft einfließen. Beim Ausatmen entspannt sich das Zwerchfell wieder und lässt die Lunge sich zusammenziehen. Die Luft wird nach außen gedrückt. Durch die Auf- und Abbewegungen unserer Bauchdecke wird dieser Vorgang unterstützt. Unsere Organe werden dabei wohltuend massiert.

Bei jeder intensiven Ausatmung wird zusätzlich eine große Dosis Kalzium freigesetzt, das einer Verengung der Nerven entgegenwirkt. Kopfschmerzen und Unruhezustände lassen sich damit gut wegatmen.

Positives Denken – Mentaltraining

 *„Wir sind, was wir denken!"*, lautet ein viel zitierter Ausspruch des Siddharta Gautama (Begründer des Buddhismus). Tatsächlich beeinflussen uns unsere Gedanken im täglichen Leben mehr, als uns lieb ist.

Was wir denken, ist nichts anderes als die Summe der Erfahrungen und Erlebnisse, die wir im Laufe unseres Lebens machen und im Unterbewusstsein abspeichern. Wurde Ihr Unterbewusstsein über viele Jahre überwiegend mit negativen Gedanken gespeist, *(„Ich bin es nicht wert, so gut behandelt zu werden, ich habe das nicht verdient!", „Ich werde das nie schaffen!", „Egal, was ich anpacke, es misslingt immer!", „Ich bin ein Versager!" …)* werden Sie sich schlecht fühlen. Ob Enttäuschung, mangelndes Selbstwertgefühl, Wut, Ärger oder Verzweiflung, alle diese Emotionen entstehen durch die Macht Ihrer Gedanken.

Jeder Gefühlsausbruch setzt das Stresshormon Adrenalin im Körper frei und braucht etwa ½ Stunde, bis es wieder abgebaut ist. In dieser Zeit fühlen Sie sich schlapp, gereizt, unausgeglichen, angespannt und laufen so Gefahr, erneut in eine Stresssituation zu geraten.

COOL DOWN!

Positive Gedanken lassen dagegen im Gehirn auch positive Gefühle entstehen und wirken im Körper wie ein Gesundbrunnen. Stellen Sie sich in belastenden Augenblicken öfter einmal Situationen vor, in denen Sie freudige und glückliche Momente erlebt haben, vielleicht im Urlaub, nach der Erfüllung eines lang gehegten Wunsches, nach Bestehen einer Prüfung, bei der Geburt Ihres Kindes, beim Erwerb des Führerscheins, eine Überraschung am Geburtstag usw. Durch eine positive Sicht- und Denkweise werden Ihre Gefühle beeinflusst. Freude, Zufriedenheit und Ausgeglichenheit stellen sich als positives Lebensgefühl ein. Ihr Verhalten wird selbstbewusst, energiegeladen, optimistisch, nach vorne schauend und erfolgsorientiert.

Bewegungs- und Muskelübungen

 Nehmen Sie sich jeden Tag für ein bisschen Bewegung Zeit. Mit viel Bewegung können Sie dem erhöhten Alltagsdruck und dem dadurch aufkommenden Stress besser begegnen.

Die Stressauslöser verändern sich dabei mit jeder Generation. Was in der Steinzeit ein Säbelzahntiger oder andere wilden Tiere waren, die einen zur Flucht zwangen, sind in unserer heutigen Zeit der Computer, die Hektik, die gesellschaftliche Erwartungshaltung und die Schnelllebigkeit, die kein Ausruhen auf den Erfolgslorbeeren zulässt.

Stresshormone wie Adrenalin und Cortisol lassen sich aber durch ausreichende Bewegung gut wieder abbauen. Ein körperlicher Ausgleich findet in der heutigen Zeit auf Grund der überwiegend sitzenden und bewegungsarmen Betätigungsfelder vor allem in der Freizeit statt. Schon nach einer halben Stunde Bewegung, z.B. Laufen, Rad fahren, Walken, Schwimmen oder sonstigen sportlichen Betätigungen, werden die vorhandenen Stresshormone wieder abgebaut. Sie fühlen sich gelassener, zufriedener und durch die Serotoninausschüttung glücklicher.

Integrieren Sie deshalb immer wieder Bewegungsübungen in Ihren Alltag, um Ihren Körper und Ihre Muskeln zu spüren und um vorbeugend tätig zu sein, denn: „Wer rastet, der rostet!"

Entspannungsübungen

Um den gestiegenen Anforderungen in Schule und Beruf gerecht werden zu können, sollten Sie sich Auszeiten zur Entspannung nehmen, bevor Ihr Körper sie mit größerer Vehemenz einfordert. Ein ausgewogenes Zusammenwirken von Körper, Geist und Seele wirkt sich positiv auf Ihre Gesundheit aus. Setzen Sie Entspannungstechniken nicht erst ein, wenn der körperliche Zustand danach schreit, sondern bereits im Vorfeld als Präventionsmaßnahme. Wer den Einsatz von Entspannungstechniken, wie autogenes Training, Yoga, progressive Muskelentspannung und Atemtraining, schon im Schulalter erlernt, kann das ganze Leben lang darauf zurückgreifen. Täglich durchgeführte Entspannungsübungen als Prävention halten Ihren Körper in einem gesunden Gleichgewicht und lassen ihn in schwierigen Situationen nicht gleich aus dem Ruder geraten. Beginnen Sie jede Entspannungsübung mit einer bewussten Atemübung, und lenken Sie dadurch die Aufmerksamkeit von Anfang an auf Ihren Körper. Lassen Sie Ausreden wie Zeitmangel nie über das positive Erlebnis – etwas für den Körper getan zu haben – siegen. Teilen Sie sich Ihre Zeiten gut ein, und setzen Sie Prioritäten, dann haben Sie mehr vom Leben und weniger Stress!

Fantasiereisen

Bei einer Fantasiereise wird der Teilnehmer in einen schlafähnlichen Zustand versetzt. Die Gedanken werden von außen gesteuert, dadurch ist der Geist hellwach, während der Körper sich entspannt und seine Aktivitäten zurückfährt. Muskelaktivität, Herzschlagrate und Atemfrequenz nehmen ab, der Körper entspannt sich. Wer eine Fantasiereise leitet, sollte mit dem Inhalt vertraut sein. Tragen Sie die Reise mit einer angenehmen, leisen Stimme in langsamem Tempo vor, und lenken Sie so den Teilnehmer mit seinen Tagtraumgedanken in seine Fantasiewelt. Die Fantasiewelt ist dabei eine Mischung aus real erlebten und interpretierten Erlebnissen und Erfahrungen. Leise, angenehme Musik unterstützt dabei die Entspannungsbereitschaft und verlangsamt das Tempo des sich ständig abspielenden Gedankenbandes. Als Leiter holen Sie die Teilnehmer anschließend wieder langsam mit einer etwas nachhaltiger und intensiver klingenden Stimme von ihrer Reise zurück. Lassen Sie jede Fantasiereise mit einer kurzen Streck- und Dehnübung und einer Rückmelderunde ausklingen.

COOL DOWN!

Einführung

Tipps zur Durchführung von Entspannungsübungen

1 Sorgen Sie für eine ausreichende und gute Belüftung. Mit natürlichen Düften lässt sich bei Entspannungsübungen und Fantasiereisen eine angenehme Atmosphäre zaubern. Verwenden Sie keine Räucherstäbchen oder zu intensive Düfte, da diese bald als störend empfunden werden.

2 Wählen Sie einen Raum in einer ruhigen Lage, der temperiert ist und den man bei Bedarf abdunkeln kann. Kuschelige Decken werden stets als angenehm empfunden.

3 Farblicht verstärkt die Entspannung. Grünes Licht wirkt neutral auf Körper, Geist und Seele und eignet sich gut für entspannende Momente. Blau und Violett wirken ebenfalls beruhigend, während die so genannten warmen Farben wie Gelb, Rot und Orange eher aktivierend und aufputschend wirken.

4 Verwenden Sie zum Entspannen ruhige, gleichmäßig rhythmische Instrumentalmusik. Orientieren Sie sich bei der Musikauswahl am Geschmack Ihrer Schüler.

COOL
DOWN!

5 Führen Sie durch die Fantasiereise oder Entspannungsübung mit einer ruhigen, angenehm gleichmäßigen Stimmlage. Zu gekünstelt und laut vorgetragen, wirken die Übungen nicht echt und lenken die Teilnehmer vom Inhalt ab.

6 Bevor Sie die Übungen durchführen, sollten Sie sich mit dem Inhalt vertraut gemacht haben. Beachten Sie die Sprechpausen, die mit dem Handsymbol 🖐 gekennzeichnet sind. Längere Pausen stehen als Minutenangabe dabei.

7 Beenden Sie die Übungen mit der Rückführung, indem Sie Ihre Stimme etwas lauter werden lassen.

8 Kurze Streck- und Dehnübungen als Abschluss wirken aktivierend auf den Organismus.

COOL DOWN!

9 Regen Sie Ihre Schüler zu einer regelmäßigen Flüssigkeitsaufnahme an. Wasser transportiert über das Lymphsystem Schlackenstoffe ab und entgiftet so unseren Körper. Auch beim Lernen und in Stresssituationen verbraucht der Körper ständig Wasser.

10 Geben Sie den Teilnehmern die Gelegenheit, sich über das Erlebte bzw. über ihre Empfindungen zu äußern.

11 Führen Sie die für die Klasse geeigneten Übungen regelmäßig durch, damit ein Gewöhnungseffekt eintreten kann.

12 Motivieren Sie Ihre Schüler stets durch Ihr positives Vorbild. Wer entspannt den Unterricht gestaltet, kann bei aufkommender Unruhe gelassener reagieren.

COOL DOWN!

Atemübungen

Atemmeditation

Zeitbedarf: ca. 5–10 Min.

Vorbereitung: Die Schüler sitzen in aufrechter Körperhaltung auf ihren Stühlen. Die Fenster sind geöffnet. Wer sich dabei wohl fühlt, schließt die Augen.

Ziele:
→ Körperwahrnehmung
→ bewusste Atmung und Atemlenkung
→ Lösen von Anspannungen im Oberkörper

Einsatz:
→ zur Auflockerung für zwischendurch
→ zur Einstimmung bei der Durchführung von Fantasiereisen
→ zur Konzentrationsförderung

Tipp: Regen Sie zur gesunden Nasenatmung an.

Nimm eine aufrechte Sitzposition ein, deine Sitzbeinhöcker liegen dabei auf dem vorderen Rand der Sitzfläche auf.
Das Becken ist nach vorne gekippt, deine Füße sind intensiv mit dem Boden verbunden. Deine Arme hängen seitlich neben deinem Körper, die Augen sind geschlossen.

Beobachte jetzt deinen Atemrhythmus.
Atmest du ruhig oder hektisch, tief oder flach? 1 Min.

Achte darauf, wie sich bei jedem Einatmen dein Brustraum weitet und die Schultern sich nach oben schieben, dein Bauch wölbt sich ganz weit nach vorne, und dein Rücken drückt sich tief in die Stuhllehne.

Im Inneren deines Bauch- und Brustraumes zieht sich das Zwerchfell, dein wichtigster Einatemmuskel, zusammen und schiebt sich Richtung Becken nach unten.

Im Bauch- und Brustraum entsteht ein Unterdruck, dieser lässt die Luft weit einströmen.

COOL
DOWN!

Beim Ausatmen entspannt sich dein Zwerchfell wieder und wölbt sich nach oben. Dabei wird die verbrauchte Luft aus deinem Bauchraum nach außen gedrückt.

Beobachte den immer wiederkehrenden Rhythmus, und spüre dabei deinem Zwerchfellmuskel nach.

Achte darauf, dass dein Einatem nur ⅓ deiner Ausatemzeit andauert.
Mit jedem intensivem Atemzug tauscht du so ⅓ – ½ Liter Luft aus.

Spüre, wie durch das Auf und Ab deiner Bauchdecke auch deine Organe stimuliert bzw. massiert werden …

Bleibe mit deiner Wahrnehmung noch eine Weile bei deinem Atemrhythmus, und zähle deine Atemzüge. Spüre der Entspannung im Bauch- und Brustbereich nach. 🖐 2 Min.

Komme jetzt langsam mit deiner Aufmerksamkeit in den Raum zurück.
Öffne deine Augen, und bewege deine Arme, Hände, Beine und Füße.

COOL DOWN!

Atemgesteuerte Körperwahrnehmung

Zeitbedarf: ca. 10 Min.

Vorbereitung: Je nach Platz verteilen sich die Schüler auf ihren Stühlen sitzend bzw. auf Matten liegend im Raum. Achten Sie auf eine gute Raumbelüftung.

Ziele:
→ Körperwahrnehmung schulen
→ bewusste Atemlenkung

Einsatz:
→ zur Entspannung zwischendurch
→ als Einleitung für Fantasiereisen

Tipps:
→ Ruhige Musik verstärkt die Entspannungsbereitschaft und führt schneller zur gewünschten Ruhe.
→ Im Anschluss an diese Übung lässt sich gut eine Fantasiereise oder autogenes Training durchführen.

Lege dich bequem auf eine weiche Unterlage, schließe deine Augen, und lasse deinen Atem durch deine Nase einströmen. Der Sauerstoff wird über die Blutbahnen durch den Körper fließen und das Zellwachstum unterstützen. Jedes intensive Einatmen wirkt sich positiv auf dein Körper- und Zellwachstum aus. Durch gezielte Atemlenkung kannst du zusätzlich Entspannung in deinen Körper bringen.

Atme jetzt tief in deine Nase ein, und lenke den Atem in deine rechte Schulter. Lenke ihn weiter durch deinen rechten Oberarm zum Ellenbogen, und lasse ihn weiter durch deinen Unterarm in deine rechte Hand fließen.

Spüre deinen rechten Arm, wie er sich im Augenblick anfühlt. ✋

Er ist jetzt schwer und drückt sich tief in deine Unterlage.

Vergleiche deinen rechten entspannten Arm mit deinem linken Arm. ✋

COOL
DOWN!

16

Atemgesteuerte Körperwahrnehmung

Nimm deinen nächsten Atemzug, und lenke ihn durch deine linke Schulter weiter zum linken Oberarm. Spüre, wie die Atemluft Richtung Ellenbogen, durch deinen linken Unterarm und weiter in deine linke Hand fließt.

Fühle nun die Schwere in beiden Armen und die Kraft, mit der sich beide Arme tief in die Unterlage drücken.

Lenke den nächsten Atemzug durch deinen Brust- und Bauchraum weiter Richtung Unterleib, und lasse ihn durch deinen rechten Oberschenkel fließen und weiter durch das Knie in den Unterschenkel. Spüre, wie der Atem sich im rechten Fuß verteilt.

Vergleiche dein entspanntes rechtes Bein mit deiner linken Beinseite. 🖐

Lasse nun den nächsten Atemzug durch Brust- und Bauchbereich weiter Richtung Unterleib fließen. Spüre, wie die Atemluft sich durch deinen linken Oberschenkel weiter Richtung Knie und Unterschenkel fortbewegt und sich nun im linken Fuß verteilt. 🖐

Beide Fersen drücken sich jetzt tief in die Unterlage.
Du kannst eine intensive Verbindung deines Körpers zur Unterlage wahrnehmen. Spüre das Gewicht deines Körpers. 🖐

Ganz bewusst gehst du noch einmal mit deinen Gedanken alle deine Muskelgruppen von Beinen, Bauch, Rücken, Hals, Schultern und Armen durch und lässt alle Muskeln ganz bewusst noch mal der Reihe nach locker.

COOL DOWN!

Atemrhythmisierte Gehmeditation

Zeitbedarf: ca. 5–10 Min.

Vorbereitung: Führen Sie die Übung in einem Raum mit großer Bewegungsfreiheit durch, z.B. in der Turnhalle, im Gymnastikraum oder im Freien. Alle Bewegungen werden im Zeitlupentempo und in Stille durchgeführt.

Ziele:
→ Konzentrationssteigerung
→ Wahrnehmung von körperorientierten Bewegungsabläufen
→ Stressabbau

Einsatz:
→ Auflockerung nach langem Sitzen
→ bei aufkommender Unruhe im Klassenzimmer
→ als Muntermacher auf einer taufrischen Sommerwiese oder im Kneippbecken

Tipp: Diese Übung unterstützt die bewusste Atmung und eignet sich gut für entspannungsunerfahrene Klassen.

Stelle dich gut geerdet mit beiden Beinen auf den Boden. Schultern und Arme hängen locker neben deinem Oberkörper, der Kopf ist gerade, dein Blick ist nach vorne gerichtet.

Konzentriere dich ganz auf deine Atmung, und lasse den Atem bewusst tief durch deine Nase einfließen. Während des Einatmens hebst du im Zeitlupentempo dein rechtes Bein und gehst einen Schritt nach vorne. Nimm deine Hebe- und Streckmuskulatur im Beinbereich wahr.

Beim Ausatmen setzt du langsam deine Ferse auf und rollst die Fußsohle bewusst über den Mittelfuß, Fußballen und die Zehen nach vorne hin ab. Achte auf eine intensive Ausatmung durch deine Nase. Spüre eine Ausatemlänge lang den Boden unter deinem rechten Fuß.

COOL DOWN!

Atemrhythmisierte Gehmeditation

Atme nun wieder gezielt durch die Nase ein, und gehe dabei in Zeitlupe mit dem linken Fuß einen Schritt nach vorne. Spüre die Hebe- und Streckmuskulatur deines linken Beines.

Mit dem Ausatmen setzt du deine Fußsohle wieder über Ferse, Mittelfuß, Fußballen und Zehenbereich auf dem Boden ab. Spüre den intensiven Kontakt deines linken Fußes zum Boden, und lasse den Atem ganz ausfließen.

Bewege dich weiter in deinem eigenen Atemrhythmus durch den Raum, und wiederhole diese Schrittfolge etwa zehnmal pro Bein.

Schüttle nun deine Beine intensiv aus, klopfe sie mit beiden Händen ab, und streiche die Beine von oben nach unten aus.

Es folgt eine kurze Rückmelderunde:

Wie fühlst du dich nach diesem entschleunigten Gehen?

COOL DOWN!

Achtsamkeitstraining

Zeitbedarf: ca. 5 Min.

Vorbereitung: Die Schüler sitzen aufrecht auf ihren Stühlen. Zur Verstärkung der Wahrnehmung können auch die Schuhe ausgezogen werden.

Ziele: → Stressabbau
→ Konzentrationsförderung

Einsatz: zur Ruhefindung vor Prüfungen

Tipp: Machen Sie die Schüler darauf aufmerksam, dass sie ihre Gedanken bei jedem Abschweifen immer wieder auf ihre Bauchatmung zurücklenken sollen.

Lege deine Hände auf deinen Oberschenkeln ab, schließe deine Augen, oder fixiere in der Ferne einen Ruhepunkt.

Stelle beide Beine gut geerdet auf dem Boden ab. Lasse gedanklich tiefe Wurzeln aus den Fußsohlen in den Boden sprießen, und spüre, wie die Füße sich dabei immer tiefer und tiefer in den Boden drücken. 🖐

Richte deine Aufmerksamkeit nun auf deinen Bauch, und spüre, wie dein Bauchraum sich bei jedem Atemzug hebt und senkt. Mache dir bewusst, dass durch jedes Auf und Ab deiner Bauchdecke deine Organe im Inneren deines Bauchraumes optimal massiert werden.

Tauche gedanklich unter deine Bauchdecke, und spüre deinem Wohlbefinden im Bauch nach. 🖐

→ Welche Geräusche kannst du im Bauch wahrnehmen? 🖐

→ Wie ist dein momentanes Bauchgefühl? 🖐

COOL DOWN!

Spüre die Wärme, die von deinem Bauch in den restlichen Körper ausströmt, und die damit verbundene Kraft, die sich von deinem Energiezentrum, dem Bauch, im ganzen Körper verteilt. 🖐

Atme nun langsam und tief ein, zähle dabei bis 4, halte den Atem an, und zähle bis 6 weiter, anschließend atmest du die verbrauchte Luft aus und zählst dabei bis 8.

Wiederhole die Übung noch fünfmal hintereinander, und lasse deine Gedanken weiter im Bauchbereich.

Lenke deine Atmung zum Abschluss noch mal durch den gesamten Körper bis zu deinen Finger- und Fußspitzen.

Bewege jetzt deine Finger, deine Füße, deine Beine, und komme mit deiner Aufmerksamkeit wieder in den Raum zurück.

Es folgt eine kurze Rückmelderunde:

✖ *Was passierte mit deinen Gedanken während dieser Übung?*

✖ *Konntest du deine Gedanken steuern?*

Atemgesteuerte Dehnübung

Zeitbedarf: ca. 5–10 Min.

Vorbereitung: Die Schüler verteilen sich großzügig im Raum. Sorgen Sie für eine gute Raumbelüftung.

Ziel: Lockerung der Schulter- und Halsmuskulatur

Einsatz: → zur Konzentrationsfindung
→ zur Entspannung nach anstrengenden Lernphasen

Tipp: Diese Übung sollte langsam und sorgfältig durchgeführt werden.

Zu Beginn der Übung schlenkerst du mit deinen beiden Armen ausgelassen nach hinten und vorne. Nutze diese Aufwärmphase, um belastende Gedanken oder Probleme nach außen zu schleudern.

Stelle dich anschließend hüft- oder schulterbreit hin, und verlagere dein Gewicht mal zur einen und dann zur anderen Seite, bevor du beide Beine intensiv erdest. Kippe dein Becken nach vorne, und achte auf eine leichte Beugehaltung.

Richte nun deinen Oberkörper Wirbel für Wirbel auf, und lasse deine Arme locker seitlich neben dem Körper hängen. Achte auf einen entspannten Schulterbereich.

Neige jetzt deinen Kopf ganz langsam zur Seite, sodass dein rechtes Ohr soweit wie möglich in Richtung deiner rechten Schulter zeigt, und atme dabei gleichmäßig ein. Mit dem Ausatmen löst du die Anspannung und kommst langsam zur Mitte zurück.

Wiederhole die Übung, und achte dabei auf dein Ein- und Ausatmen. Spüre dabei in deinen linken Schulter- und Halsmuskelbereich hinein. Zur Verstärkung der Anspannung schiebst du den linken Arm weit Richtung Boden.

COOL DOWN!

Wechsle anschließend die Seite, und wiederhole auch hier die Übung zweimal in langsamem Tempo. Beachte auch hier wieder die Ein- und Ausatemphase. Spüre nun in die rechte Schulter- und Halsmuskelgruppe.

Strecke deine beiden Arme jetzt gleichzeitig in Schulterhöhe so weit zur Seite nach hinten, dass sich deine beiden Schulterblätter dabei fast berühren. Dein Brustraum weitet sich, der Atem kann gleichzeitig tief einfließen.

Mit dem Ausatmen verschränkst du anschließend beide Arme langsam in Brusthöhe, dein Kinn schaut Richtung Brust: Dein Atem wird langsam nach außen gedrückt.
Spüre auch hier, wie sich dein Oberkörper durch die Kraft deiner Atmung weitet und ohne Atemspannung wieder zusammenfällt.

Wiederhole diese Übung dreimal, und achte hier auf eine langsame und sorgfältige Ausführung.

Zum Abschluss der Übung lockerst du durch kräftiges Schütteln deine Arme und Beine.

COOL DOWN!

Atemgesteuerte Kopfentspannung

Zeitbedarf: ca. 3–5 Min.

Vorbereitung: Die Schüler nehmen eine entspannte Sitzposition ein. Eng anliegende Kleidung darf gelockert werden. Lassen Sie frische Luft in den Raum.

Ziele:
→ Lösen von Anspannungen im Kopf-Nacken-Bereich
→ Schmerzlinderung
→ den Kopf wieder frei bekommen

Einsatz:
→ nach intensiver geistiger Arbeit
→ zur Anwendung bei Einzeltherapien
→ zur mentalen Lockerung von Anspannungen

Tipps:
→ Regen Sie die Schüler zur regelmäßigen Flüssigkeitsaufnahme an.
→ Stellen Sie evtl. eine Atemmeditation voran.

Achte auf deine Atmung. Nimm deinen Körper wahr, und konzentriere dich nun mit geschlossenen Augen auf eine Anspannung, die du irgendwo im Körper spüren kannst. Markiere diesen Punkt in Gedanken mit einem Leuchtstift.

Stelle dir vor, wie nun dein Atem von diesem Punkt angezogen wird und langsam dorthin wandert.

Verfolge den Weg deines Atems zu diesem Punkt. Spüre, wie der Atemstrom sich ausschließlich in diese Richtung bewegt und schließlich an der markierten Stelle, z.B. deinem Kopfschmerzpunkt, ankommt. Spüre, wie sich durch diese konzentrierte Atemlenkung die Anspannung im markierten Bereich auflöst. Nimm wahr, wie der Schmerz mit jedem Atemzug langsam aber zuverlässig nachlässt. ✋ 1 Min.

Drücke jetzt eine Hand gegen deinen Hinterkopf, atme dabei tief ein, und lasse anschließend mit dem Ausatmen den Druck wieder los.

Wiederhole diese Übung dreimal, und spüre jeweils kurz nach.

Schiebe nun dein Kinn zum Hals, atme dabei tief ein, und lasse die Anspannung anschließend mit dem Ausatmen wieder los.

Wiederhole diese Übung dreimal, und spüre die Entspannung im Kopf- und Halsbereich.

Presse nun beim Einatmen deinen Ober- und Unterkiefer (deine Zähne) fest aufeinander, und lasse diese Muskeln mit dem Ausatmen wieder locker.

Wiederhole diese Übung dreimal, und spüre intensiv deine entspannte Kiefermuskulatur.

Lenke nun deine Gedanken wieder zu deinem markierten Punkt, z.B. dem Kopfschmerzpunkt, und spüre die Erleichterung. Atme noch mal tief ein, und komme mit deinen Gedanken wieder in unseren Raum zurück. Lockere dabei deine Arm-, Oberkörper- und Beinmuskeln.

Beende diese Übung mit einem tiefen Schluck aus deinem Wasserglas.

Es folgt eine kurze Rückmelderunde:

Kannst du eine Erleichterung oder Besserung wahrnehmen?

Atemgesteuerte Kopfentspannung

Tipps für Kopfschmerzgeplagte:

1 Eine Tasse Kaffee mit zwei Teelöffeln Salz und Zitronensaft hilft bei starken Kopfschmerzen oder Migräne.

2 Massieren Sie ca. 1 Min. die Haut zwischen Zeigefinger und Daumen, anschließend wechseln Sie die Handseite.

3 Überprüfen Sie Ihren Flüssigkeitshaushalt: *Heute schon ausreichend getrunken?* Zwei bis drei Liter Flüssigkeit braucht unser Körper täglich!

4 Alkohol und Kaffee entwässern! Greifen Sie zu Wasser und leicht mineralisierten Getränken wie Saftschorle.

5 Streichen Sie Süßigkeiten, Snacks und Fertigprodukte größtenteils aus Ihrem Ernährungsplan, da Zucker und Fertiggewürze die Gefäße verengen.

6 Lernen Sie eine schnell erlernbare Entspannungstechnik wie autogenes Training oder progressive Muskelentspannung.

7 Bei regelmäßig auftretenden Kopfschmerzen und Migräne sollten Sie Ihren Arzt oder Heilpraktiker aufsuchen!

COOL DOWN!

Finger- und fußzentrierte Atemarbeit

Zeitbedarf: ca. 5 – 10 Min.

Vorbereitung: Die Schüler sitzen mit den Sitzbeinhöckern auf der vorderen Sitzfläche. Der Rücken ist gerade.

Ziele:
→ Linderung bei Atembeschwerden
→ Steigerung des psychischen Wohlbefindens
→ Lockerung der Rückenmuskeln

Einsatz:
→ als Auffrischübung für zwischendurch
→ zur Entspannung der Rückenmuskeln nach langem Sitzen
→ zur Konzentrationssteigerung und Beruhigung nach lebhafteren Aktionen

Tipps:
→ Tägliche Anwendung steigert den Übungserfolg.
→ Sorgen Sie für ausreichend Frischluftzufuhr.
→ Barfuß ist die Übung im Fußbereich intensiver wahrnehmbar.

Du sitzt mit beiden Sitzbeinhöckern auf deiner Sitzfläche. Beginne, den ganzen Körper nach allen Richtungen zu dehnen und zu strecken. Beziehe dabei deine Arme, Beine, Rücken, Hals und Schulter mit ein.

Mache zwischendrin immer eine kurze Pause, und spüre der Dehnung nach. Beende die Dehnübung erst, wenn dein Körper kein Bedürfnis mehr danach verspürt.

Strecke nun deinen Rücken- und Halsbereich weit nach oben, achte dabei auf eine gerade Kopfhaltung, und lasse deine Arme seitlich neben deinem Körper hängen. Deine Hände liegen mit der Handinnenfläche nach oben auf den Oberschenkeln auf.

COOL DOWN!

Finger- und fußzentrierte Atemarbeit

Drücke deine Fersen mit leichtem Druck tief in den Boden, ziehe dabei die Fußspitzen Richtung Schienbein. Dein Atem fließt nun in deinen Becken- und Beinraum. Atme dreimal tief ein und aus.

Stelle deine Füße mit leichtem Druck auf deinen Fußballen ab. Hebe dabei die Fersen in die Höhe. Spüre, wie dein Atem im oberen Bereich zwischen Schultergürtel und Kopf spürbar wird. Atme dreimal tief ein und aus.

Setze beide Fußsohlen wieder mit leichtem Druck auf den Boden auf. Beobachte nun deine Atembewegung im Bauch- und Rückenbereich. Atme dreimal tief ein und aus.

Falte deine beiden Hände, lasse dabei die Zeigefinger und Daumen sich berühren. Die anderen Finger sind überkreuzt. Drücke Zeigefinger und Daumen mit leichtem Druck aufeinander, und spüre, wie der Atem von selbst in deinen Körper einfließt und sich verteilt. Atme dreimal tief ein und aus.

Wiederhole nun alle drei Übungen hintereinander dreimal, und mache nach jeder Einheit eine kurze Pause.

Zum Beenden der Übung streckst und dehnst du deinen Körper noch mal in alle Richtungen.

Stehe anschließend auf, und schüttle deinen Körper locker aus.

Es folgt eine kurze Rückmelderunde:

Hast du es geschafft, deinen Atem in die jeweiligen Körperbereiche zu lenken und die Bereiche dabei zu spüren?

Bewusstes Gähnen

Zeitbedarf: ca. 5–10 Min.

Vorbereitung: Die Schüler verteilen sich großzügig im Raum. Sorgen Sie für ausreichend Frischluftzufuhr.

Ziele:
→ Entspannung der Gesichts- und Kiefermuskulatur
→ intensives Atmen zur Entspannung

Einsatz:
→ zur Auflockerung zwischen den Stunden
→ zur Abwechslung nach langen Lernphasen

Tipp: Beginnen Sie jeden Tag mit einer Atemübung.

Suche mit beiden Füßen einen festen Stand, und spüre die ganze Auflagefläche deiner Fußsohlen.

Gähne nun nach Herzenslust, aber ohne große Geräusche, und öffne dabei deinen Mund, soweit du kannst.

Spüre die Anspannung deines Ober- und Unterkiefers, und lasse die Atemluft weit in deinen Rachenraum einfließen.

Mit jedem reflexartigen Gähnen wölbt sich deine Bauchdecke weit nach außen. So kann die Atemluft tief in deinen Bauchraum einfließen.

Du kannst beobachten, wie durch das Gähnen die Speichel- und Tränenflüssigkeit in Gang gesetzt wird. Deine Schleimhäute werden wieder befeuchtet.

Unterstütze deine Gähnübung mit ausgiebigem Strecken. Schiebe dabei deine Arme und Finger in alle Richtungen. Weite deinen Brust- und Bauchbereich, und spüre die Dehnung deiner Rückenmuskeln.

Lege zum Abschluss dein Kinn auf die Brust, und rolle deinen Kopf langsam zur rechten und anschließend zur linken Seite.

Tippel mit allen Fingern entlang deines Kiefergelenkes, und spüre abschließend die gute Durchblutung deiner Gesichtshaut.

COOL DOWN!

Anti-Stress-Atmung

Zeitbedarf: ca. 5 Min.

Vorbereitung: Die Schüler verteilen sich stehend im Raum.

Ziel: Entspannung durch bewusste Atemlenkung

Einsatz: als Stresslöser nach langer geistiger Arbeit

Tipp: Lassen Sie die Übung mit offenen und mit geschlossenen Augen durchführen.

Stelle dich leicht gegrätscht in schulterbreitem Stand auf deinen Platz, und achte auf den intensiven Kontakt deiner beiden Fußsohlen zum Boden. Deine Arme hängen locker neben deinem Körper. Drücke deine Knie leicht durch, und kippe dein Becken ein wenig nach vorne. Dein Rücken ist jetzt ganz gerade. Spüre nun die Haltung deines Körpers und wie er sich dabei anfühlt.

Strecke deine Arme – die Handinnenflächen schauen nach oben –, und führe diese mit deinem Einatmen langsam über deiner Kopfmitte zusammen. Mit den aneinander gepressten Händen schiebst du wieder in gemäßigtem Tempo deine Luft beim Ausatmen körpernah nach unten. Schließe dabei deine Augen.

Drücke nun in Brusthöhe den restlichen Atem mit den Handinnenflächen nach unten schauend aus deinem Körper. Drehe die hängenden Handinnenflächen nach oben, und beginne die Übung von vorne. Führe die Übungen in gemäßigtem Tempo durch, damit du spüren kannst, wie die Atemluft Stück für Stück entweicht.

Wiederhole die Übung weitere zehnmal, und bleibe mit deinen Gedanken ganz bei deiner Atmung. Mit jedem intensiven Atemzug wird dein Körper mit neuer Energie durchflutet. Mache dir diese Kraft bewusst, und lasse sie immer wieder einströmen.

Es folgt eine kurze Rückmelderunde:

Hast du die Kraft spüren können?

COOL DOWN!

Die Angst wegatmen

Zeitbedarf: ca. 5–10 Min.

Vorbereitung: Lassen Sie die Schüler eine aufrechte Sitzposition oder eine bequeme Liegeposition einnehmen.

Ziele:
→ Verlangsamung der Herzschlagrate
→ Ängste, Schmerzen oder Anspannungen wegatmen
→ bewusste Atembeobachtung

Einsatz: zur Beruhigung bei Prüfungsängsten und körperlichem Unwohlsein vor Prüfungen und Stresssituationen

Tipps:
→ Der „normale" Atemrhythmus eines gesunden Menschen liegt bei 8–12 Atemzügen pro Minute. Versuchen Sie diesen Atemrhythmus in Angst- oder Anspannungszuständen auf 5–6 Atemzüge zu verringern. Durch die bewusste Atembeobachtung lenken Sie sich oder Ihre Schüler von Ängsten und Schmerzen ab.
→ Unterstützen Sie die gesunde Bauchatmung, indem Sie beide Arme hinter dem Kopf verschränken und somit den Bauch bewusster nach außen wölben können.

Stelle beide Beine ganz auf dem Boden ab, und spüre die intensive Erdung, den Kontakt deiner Fußsohlen zur Unterlage.

Atme nun „schnüffelnd" durch deine Nase ein, und spüre dabei deine nach außen wachsende Bauchdecke.

Lasse die im Bauchraum aufgestaute Luft anschließend mit einer langsamen und tiefen Ausatmung entweichen. Wende hierbei die „Lippenpresse" an: Presse deine Lippen leicht zusammen, und lasse die Luft durch den kleinen, verbleibenden Spalt entweichen.

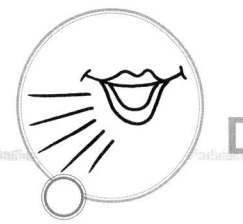

Die Angst wegatmen

Dein Ausatmen fließt dreimal solange wie dein Einatmen. Ein geräuschvolles Ausatmen mit einem „pfpfpfpf" oder einem „zsch" unterstützt außerdem den Gasaustausch in der Lunge. Warte dann den Moment ab, bis dein Körper den Atem wieder von alleine holt.

Stelle dir lange Wurzeln vor, die mit jedem Ausatmen tiefer und tiefer in den Boden wachsen. Mit jedem Einatmen saugst du die Energie, die du brauchst, durch die Wurzeln aus der Erde. Spüre die Schwere, mit der sich beide Beine in den Boden drücken.

Führe diese Übung zehnmal durch.

Beobachte nun deinen verlangsamten Atem, und stelle dir vor, dass du mit jedem Ausatmen die Belastungen, Anspannungen und die verbrauchte Luft nach außen bringst.

Beim Einatmen aber zieht neue Kraft und Energie durch deinen Körper. Du spürst mit dem Atemstrom positive Energie und Selbstvertrauen in dir wachsen.

Führe diese Übung zehnmal durch.

Schüttle abschließend noch mal alle negativen Energien von dir ab, und gehe nun ganz entspannt an deine Aufgabe.

Ruhe- und Entspannungs- übungen

Augenentspannung

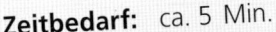

Zeitbedarf: ca. 5 Min.

Vorbereitung: Die Schüler säubern ihre Hände mit duftenden Reinigungstüchern, was die Entspannungsbereitschaft erhöht, und nehmen eine entspannte Sitzposition ein.

Ziele:
→ Entspannung der Augen
→ mentale Entspannung

Einsatz:
→ nach längerer Bildschirmarbeit
→ nach langen Lernphasen

Tipps:
→ Erwärmen Sie vor der Übung die Hände durch kräftiges Reiben, das erhöht die Entspannungsintensität.
→ Kurze Fingernägel schützen vor Verletzungen.

Entlang der Augenbrauen sitzen viele Akupressurpunkte (Energiepunkte).

Nimm als Erstes deine beiden Augenbrauen zwischen Daumen und Zeigefinger, und knete diese Wülste vorsichtig vom inneren Augenwinkel zur Schläfe hin nach außen.

Streife die Augenbrauen anschließend mehrfach mit Mittel- und Zeigefinger von innen nach außen aus.

Massiere nun mit beiden Daumen ganz leicht den oberen Knochenrand der Augenhöhlen vom äußeren Schläfenrand Richtung Nasenwurzel. Der Augapfel wird dabei nicht berührt.

An der Nasenwurzel im Inneren deiner Augenwinkel sitzt ein wichtiger Akupressurpunkt. Massiere diese spürbare Erhebung mit leichtem Daumendruck, und lasse deine Augen dabei geschlossen.

Drücke diese beiden Punkte in zwei kurzen Intervallen etwas fester, und lasse sie anschließend abrupt los. Spüre dem schwächer werdenden Hautimpuls nach.

COOL DOWN!

Augenentspannung

Mit einer leichten Tippelmassage bewegst du jetzt deine Zeige- und Mittelfinger leicht klopfend unter dem Auge hin und her.

Dieser Hautbereich ist sehr empfindlich und sollte daher nicht zu sehr gereizt werden.

Abschließend reibst du deine beiden Hände solange, bis sie sich warm anfühlen, und legst deine Handinnenflächen ca. 1 Min. schützend über deine Augen.

🖐 1 Min.

Spüre das Wärmegefühl um deine Augen herum und die wohltuende und entspannende Dunkelheit.

Konzentriere dich noch einmal bewusst auf deine Atmung, atme langsam ein und wieder aus, ein und wieder aus.

Beende diese Übung durch eine Lockerung deiner Gesichtsmuskeln.

Es folgt eine kurze Rückmelderunde:

Wie fühlen sich deine Augen im Anschluss an diese Übung an?

COOL DOWN!

Energetische Farbenmeditation

Zeitbedarf: ca. 10 Min.

Vorbereitung: Die Schüler sitzen bequem auf ihren Stühlen. Der Raum ist gelüftet und evtl. verdunkelt.

Ziele:
→ Gedankenlenkung und -beruhigung
→ körperliche und mentale Entspannung

Einsatz:
→ zur Beruhigung vor oder nach Schulaufgaben/ Prüfungen
→ zur körperlichen und mentalen Entspannung

Tipp: Leise Musikuntermalung fördert die schnelle Entspannung.

Du sitzt in bequemer Position auf deinem Stuhl. Spüre deine Lider über deinen geschlossenen Augen, und konzentriere dich auf deine entspannte Atmung. ✋

Lenke deine Gedanken jetzt zu deinen sieben Energiezentren, den sog. Chakren, und konzentriere dich auf die dazugehörigen Farben.

Ich lenke meine Gedanken zu meinem Wurzelchakra und konzentriere mich auf die Farbe Grün. Ich gewinne dadurch tiefe Gelassenheit. Ich stelle mir das Grün so strahlend wie möglich vor, z.B. wie eine saftige grüne Wiese. ✋

Ich lenke meine Gedanken zu meinem Nabelchakra und konzentriere mich auf die Farbe Blau. Ich gewinne dadurch tiefe innere Geborgenheit. Ich stelle mir das Blau so strahlend wie möglich vor, z.B. wie einen strahlend blauen Himmel. ✋

Ich lenke meine Gedanken zu meinen Sonnengeflecht, dem Solarplexus, und konzentriere mich auf die Farbe Türkis. Ich stärke dadurch meine Konzentrationsfähigkeit. Ich stelle mir die Farbe Türkis so strahlend wie möglich vor, z.B. wie eine neue Jeans. ✋

Ich lenke meine Gedanken zu meinem Herzchakra und konzentriere mich auf die Farbe Gelb. Ich begegne dabei neuem Wissen. Ich stelle mir die Farbe Gelb so strahlend wie möglich vor, z.B. wie ein Feld voller Sonnenblumen. ✋

COOL DOWN!

Energetische Farbenmeditation

Ich lenke meine Gedanken zu meinem Halschakra und konzentriere mich auf die Farbe Orange. Ich gewinne dadurch Motivation und Aktivität. Ich stelle mir die Farbe Orange so strahlend wie möglich vor, z.B. wie eine frische Mandarine. 🖐

Ich lenke meine Gedanken zu meinem Stirnchakra und konzentriere mich auf die Farbe Rot. Ich spüre dabei Liebe und Wärme. Ich stelle mir die Farbe Rot so strahlend wie möglich vor, z.B. wie eine Kirsche vom Baum. 🖐

Ich lenke meine Gedanken zu meinem Kronenchakra und konzentriere mich auf die Farbe Lila. Ich gebe meiner Spiritualität Platz in meinem Leben. Ich stelle mir die Farbe Lila so strahlend wie möglich vor, z.B. wie einen Veilchenstock. 🖐

Meine ganze Wahrnehmung gehört nun meinem Körper. Ich spüre Liebe und Wärme, Spiritualität, Motivation, Wissenshunger, Konzentration, Gelassenheit und Geborgenheit. 🖐

Öffne nun deine Augen, bewege Hände und Füße, strecke und recke dich, und komme mit deiner Wahrnehmung wieder in den Raum zurück.

Es folgt eine kurze Rückmelderunde:

Wer hat die Farben spüren und erkennen können?

COOL DOWN!

Die Baumerdung

Zeitbedarf: ca. 5 Min.

Vorbereitung: Die Schüler verteilen sich im Raum.

Ziel: Entspannung durch bewusste Erdung und Körperzentrierung

Einsatz:
→ zur Ruhefindung
→ nach langer geistiger Arbeit
→ zur Förderung der Konzentration

Tipp: Leise, besinnliche Instrumentalmusik unterstützt die Entspannungsbereitschaft. Als Fixpunkt dient eine Kerze.

Stelle dich mit beiden Füßen geerdet auf deine Unterlage. Deine Beine stehen schulterbreit auseinander. Beuge deine Knie ganz leicht, und kippe dabei dein Becken ein wenig nach vorne. Dein Rücken fühlt sich jetzt gerade an. Dein Steißbein bildet mit den Beinen ein Dreieck. Diese Haltung gibt dir einen guten Stand und entspannt gleichzeitig deinen unteren Körperabschnitt.

Lenke nun deine Gedanken wieder zu deinen Füßen. Spüre deine Zehen auf der Unterlage, deine Fußballen und den Kontakt deiner Fersen auf der Unterlage. Stelle dir vor, wie dicke goldene Wurzeln aus deinen Fußballen in die Erde wachsen und dich fest mit dem Boden verbinden.

Gehe jetzt gedanklich zu deinem Rücken, und richte deine Rückenpartie Wirbel für Wirbel langsam auf. Lenke deinen Blick dabei weit nach vorne, und lasse deinen Kopf langsam nach oben wachsen.

Spüre, wie deine Arme sich seitlich neben deinem Körper nach unten ziehen, während dein Brustbereich sich ganz allmählich nach oben und außen weitet.

Deine Handinnenflächen sind leicht nach vorne gerichtet, die Finger fühlen sich entspannt und locker an.

Die Baumerdung

Deine Beine sind nun wie ein Baum fest mit dem Boden verwurzelt, dein Rücken ist gerade wie ein Baumstamm, dein Blick weit nach vorne gerichtet.

In dieser Haltung lenkst du deine Aufmerksamkeit zu deiner Atmung. Spüre, wie dein Atem durch deine Nase einfließt, und lenke ihn gezielt in deinen Bauchraum. Beobachte, wie deine Bauchdecke sich beim Einatmen weit nach außen vorwölbt. Die Luft beim kurzen, intensiven Einatmen fließt direkt in deinen Brust- und Bauchbereich. Beim langen Ausatmen bringst du die verbrauchte Luft wieder durch deine Nase nach außen. Entdecke deinen ganz eigenen Atemrhythmus. Mit jedem Einatmen richtet sich dein Körper neu auf, die Schultern wachsen nach oben, der Brustraum weitet sich nach vorne und zur Seite.

Führe diese Übung ein paar Minuten mit geschlossenen Augen durch.

Begleite diese Übung mit dem Satz: *„Ich atme ein – ich atme aus – ich entspanne!"* Spüre abschließend die Kraft und die Ruhe, die mit jedem Atemzug deinen Körper durchfließen.

Speichere dieses Ruhe- und Energiegefühl gedanklich ab, und öffne anschließend wieder deine Augen.

Bewege nun Arme und Hände, und klopfe deine Beine vorsichtig von oben nach unten aus.

Es folgt eine kurze Rückmelderunde:

Wie fühlt sich dein Körper jetzt an?

COOL DOWN!

Die Stille in mir

Zeitbedarf: ca. 10 Min.

Vorbereitung: Die Schüler sitzen angelehnt auf dem Stuhl oder auf dem Boden. Der Raum ist gut durchgelüftet.

Ziele:
→ Konzentration auf das „Hier und Jetzt"
→ bewusste Lenkung der Gedanken

Einsatz:
→ zur Entspannung zwischen den Stunden
→ zur Beruhigung vor Prüfungen/Schulaufgaben
→ als mentales Training
→ als Hinführung zu Meditationen oder Fantasiereisen

Tipps:
→ Ein verdunkelter Raum verstärkt die Entspannungsbereitschaft.
→ Wenden Sie diese Übung nur bei entspannungs-- erfahrenen Gruppen und Klassen an, um z.B. kollektiven Lachzwang vorzubeugen.
→ Mit angenehmen Duftölen (Orange und Zitrus) lässt sich die Wahrnehmungsübung erfolgreicher durchführen.
→ Mit einer Kerze lässt sich eine angenehme und entspannte Atmosphäre zaubern.
→ Entspannungsmusik trägt zur einer schnelleren Entspannungstiefe bei.

Du sitzt bequem auf einem Stuhl oder dem Boden, dein Rücken ist dabei angelehnt. Lege deine Hände – mit der Handfläche nach oben geöffnet – auf deine Oberschenkeln oder deinem Bauch ab.

Schließe deine Augen, und lenke deine Wahrnehmung zu allen Berührungspunkten der Auflagenfläche deines Körpers, zu deinen Fersen, deinen Unterschenkeln, deinen Oberschenkeln und zur Auflagenfläche deines größten Muskels, deiner Pobackenmuskulatur.

COOL DOWN!

Spüre deinen Rücken und deine beiden Schulterblätter, deine rechte Schulter, deine linke Schulter, deinen rechten Arm und deine rechte Hand, deinen linken Arm und deine linke Hand und deinen Kopf. Im Durchschnitt wiegt ein Kopf etwa fünf Kilogramm. Spüre jetzt, wie schwer sich dein Kopf im Augenblick anfühlt.

Atme jetzt ein paar Mal tief ein, und spüre, wie der Atem durch deinen ganzen Körper fließt und ihn mit Energie füllt. Nimm deine Gedanken wahr, und ignoriere zu aufdringliche Gedanken.
Bewerte diese Gedanken nicht, sondern nimm sie nur wahr.
Beobachte, wie dein Gedankenband immer langsamer und trüber wird,
bis es für dich nicht mehr erkennbar ist.

Versuche nun, deine Gedanken fünf Minuten zur Ruhe kommen zu lassen.

Komme nun wieder mit deiner ganzen Wahrnehmung zurück in unseren Raum. Atme noch einmal tief ein und aus, bewege Hände und Füße, strecke deinen Körper nach oben und zur Seite, und stehe langsam auf. Schüttle deinen Körper noch einmal durch, und setze dich anschließend wieder auf deinen Stuhl.

Es folgt eine kurze Rückmelderunde:

✖ *War es schwer, die Gedanken treiben zu lassen?*

✖ *Warum fällt uns das Abschalten so schwer?*

COOL DOWN!

Das dritte Auge
ohne „OM"

Zeitbedarf: ca. 5 Min.

Vorbereitung: Die Schüler sitzen mit geradem Rücken und mit den Füßen gut geerdet auf ihren Stühlen. Der Abstand zu Tisch und Nebenmann schließt Berührungen aus.

Ziele: → Stärkung der Konzentrationsfähigkeit
→ mentale Entspannung

Einsatz: → zur Ruhefindung bei unruhigen Klassen oder Gruppen
→ zur mentalen Vorbereitung vor Klassenarbeiten

Tipp: Machen Sie die Übung kurz vor.

Die Übung beginnt mit einer kurzen Hinführung:
Konzentration heißt, die Gedanken zu beherrschen, die Gedanken im Griff zu haben. Mit Hilfe von sog. Mudras (Fingerübungen) können wir unseren Geist auf das Wesentliche lenken. Viele Menschen legen ganz unbewusst die Fingerspitzen aneinander, um sich besser konzentrieren zu können.

Forme jetzt mit Daumen und Zeigefinger an beiden Händen einen Kreis, und stelle dir dabei deine Finger als Magneten vor, die sich anziehen und ohne Druck aneinander kleben bleiben.

Lege deine Hände anschließend mit der Handfläche nach oben auf deinen Oberschenkeln ab.

Schließe deine Augen, oder fixiere einen Punkt vor dir.

Atme in dieser Haltung bewusst durch die Nase ein, halte dann den Atem für zwei Sekunden an, und atme wieder langsam aus. Spüre, wie dein Körper sich nach einer kurzen Pause wieder von alleine den Atem holt.

Das dritte Auge ohne „OM"

Konzentriere dich nun auf den Punkt zwischen deinen Augenbrauen, dem sog. „dritten Auge". Stelle dir vor deinem „dritten Auge" ein intensives Orange vor. Vielleicht wie die Farbe einer Mandarine oder reifer Orangen.

Atme dieses Licht eine Minute lang tief bis zu deinem Bauchnabel ein, und lasse dabei deine Konzentration bei deinem „dritten Auge".

Atme in deinem gleichen Rhythmus langsam weiter, und wechsle nun zu der Farbe Rot.

Stelle dir vor deinem „dritten Auge" ein intensives Rot vor, vielleicht wie eine rote Rose oder roter Mohn.

Atme dieses rote Licht eine Minute lang tief in deinen Brust- und Bauchraum ein, und lasse dabei deine Konzentration bei deinem „dritten Auge".

Lenke deine ganze Aufmerksamkeit nun zu deinen Augen, öffne sie wieder, komme zurück in unseren Raum, und strecke dich noch mal kräftig durch.

Es folgt eine kurze Rückmelderunde:

✖ *Wie intensiv hast du das Licht wahrgenommen?*

✖ *Ist dir die Konzentration über das „dritte Auge" auf Anhieb gelungen?*

✖ *Hast du den farbigen Atem tief einatmen können?*

COOL DOWN!

Das Entspannungsdreieck

Zeitbedarf: ca. 10 Min.

Vorbereitung: Die Schüler sitzen bequem an ihren Tischen mit ausreichend Platz zum Nachbarn.

Ziele:
→ Wahrnehmung von Anspannungen im Schulterbereich
→ bewusste Entspannung der Hals-, Nacken-, Schulter- und Armmuskulatur

Einsatz:
→ als kurze Ruheübung
→ zur Einleitung einer Fantasiereise oder Meditation
→ zur Lockerung der Hals-, Nacken- und Schultermuskulatur

Tipp: Führen Sie diese Übung vor einer Fantasiereise durch.

Die Übung beginnt mit einer kurzen Hinführung:
Der Hals-, Schulter- und Nackenbereich wird bei konzentriertem Arbeiten oftmals unbewusst angespannt. Die nachfolgende Übung eignet sich deshalb gut für die Lockerung dieser Muskelgruppen.

Schließe deine Augen, und gehe mit deiner Wahrnehmung zu deinen Schultern. Wie fühlt sich dein Schultermuskel und dein Hals- und Nackenbereich an? Spüre eventuelle Anspannungen in dieser Muskelgruppe.

Lege deine beiden Handflächen locker übereinander auf der Tischplatte ab. Rutsche mit deinem Stuhl so weit vom Tisch weg, dass du deinen Kopf bequem auf deinen übereinanderliegenden Handflächen ablegen kannst. Kopf, Arme und Oberkörper bilden ein entspanntes Dreieck. Dein Rücken ist gerade.

Beobachte deinen Atemrhythmus, und spüre, wie deine Stirn sich beim Einatmen ganz leicht von den Händen abhebt und beim Ausatmen wieder tief in die Hände drückt. Lasse deinen Atem kommen und gehen, und spüre die Entspannung im Hals-, Nacken- und Rückenbereich.
Alle deine Muskeln lockern sich im Rücken-, Schulter- und Armbereich und fühlen sich nach kurzer Zeit angenehm leicht und entspannt an.

COOL DOWN!

44

Selbstmassage

Zeitbedarf:	ca. 5–10 Min.
Vorbereitung:	Die Schüler verteilen sich mit ausreichend Bewegungsfreiheit im Raum.
Ziel:	Lösen von Anspannungen im Schulter- und Kopfbereich
Einsatz:	→ zur Lockerung der Muskulatur → zur Einstimmung vor dem Unterricht → als willkommene Abwechslung zwischen den Stunden
Tipp:	Langsam ausgeführte Massagebewegungen beruhigen, kräftigeres Massieren belebt die Durchblutung.

Stelle dich schulterbreit mit beiden Beinen fest verwurzelt auf eine Matte, eine Decke oder einen Teppich.

Kippe dein Becken nach vorne, drücke deine Knie leicht durch, und achte auf eine gerade Haltung deines Rückens.

Erwärme jetzt durch intensives Reiben deine Handinnenflächen, und lege diese anschließend seitlich neben deinen Lendenwirbeln (Nierengegend) auf. Deine Fingerspitzen zeigen Richtung Boden. Massiere den Bereich um die Nierengegend mit langsamen, leichten Bewegungen, und spüre der Wärme im Lendenwirbelbereich nach. Führe anschließend die Fingerspitzen beider Hände langsam vor dem Bauch zusammen, und spüre dabei die Wärme im Bauchbereich.

Wiederhole die Übungen viermal, und reibe zuerst immer deine Hände warm.

Setze dich nun bequem auf einen Stuhl. Lege deinen rechten Fuß auf das linke Knie, und streife ein paar Mal mit warmen Händen deinen rechten Fuß mit kreisenden Sandwich-Bewegungen aus.

COOL DOWN!

Selbstmassage

Spüre dabei dem Wärmegefühl im Fußbereich nach. Umfasse dann mit beiden Händen deinen Fuß, und verwöhne ihn mit einer wohltuenden Massage.

Wiederhole anschließend die Übung mit deinem linken Fuß, und nimm auch hier jede Berührung intensiv wahr.

Suche jetzt mit deinen warmen Fingerspitzen den unteren Rand deines Hinterkopfes, und massiere diesen mit leichten, kreisenden Bewegungen. Streiche den Bereich abschließend mehrmals zur Seite hin aus.

Strecke und dehne dich nun kräftig nach allen Seiten.

Es folgt eine kurze Rückmelderunde:

Spüre den entspannten Körperregionen nach. Was stellst du fest?

Klopfentspannung

Zeitbedarf: ca. 5 Min.

Vorbereitung: Die Schüler sitzen mit ihren Sitzbeinhöckern auf der vorderen Stuhlkante.

Ziele:
→ Wohlfühleffekt nach langem Lernen
→ bewusste Körperwahrnehmung
→ Stimulation von Haut und Muskulatur
→ Förderung der Hautdurchblutung
→ Verbesserung der Sauerstoffversorgung in den Zellen
→ Aktivierung der Muskelfasern

Einsatz:
→ nach langen Lernphasen
→ zur Entspannung und Auflockerung zwischen den Stunden
→ als „Achtsamkeitstraining"

Tipp: Die Übung ist auch als Partnerübung wunderbar geeignet.

Richte deine Wirbelsäule bewusst auf. Deine beiden Fußsohlen drücken sich dabei tief in den Boden.

Balle nun beide Hände zu einer lockeren Faust, und klopfe etwa eine Minute beide Oberschenkel mit angenehmen, leichten Klopfbewegungen ab. Klopfe auch die Hinterseite und den inneren Bereich deiner Oberschenkel ab.

Spüre die Vibrationen, die sich über deine Gelenke ausbreiten. Variiere die Klopfstärke. Finde dein individuelles Klopfwohlbefinden.

Schließe dann deine Augen, lenke deine ganze Aufmerksamkeit zu deinen Oberschenkeln, und spüre den anschließenden Empfindungen im Muskel- und Hautbereich nach. Spüre die Wärme, die sich im Oberschenkel ausbreitet.

Nimm alle Signale wahr, die dir deine Muskelgruppe im Oberschenkel sendet.
✋ 30 Sek.

COOL DOWN!

Klopfentspannung

Balle nun wieder deine Hände zu einer lockeren Faust, und klopfe diesmal etwa eine Minute deine Bauchdecke mit leichten Klopfbewegungen im Uhrzeigersinn bis hinauf zum Solarplexus oberhalb des Magenbereiches ab. Achte dabei auf eine aufrechte Körperhaltung, damit der Bauchbereich nicht eingeengt wird. Spüre die Wirkung der Klopfmassage auf deiner Haut.

Schließe dann deine Augen, lenke deine Gedanken zu deinem Bauch, und spüre den anschließenden Empfindungen nach.

Spüre die Wärme, das Pulsieren und das strömende Gefühl, das durch das Klopfen entsteht. Nimm alle Signale aus dem Bauchbereich wahr. ✋ 30 Sek.

Klopfe nun etwa eine Minute mit deinen Fingerspitzen den Hals- und Nackenbereich mit gefühlvollem Tippeln ab. Gehe dabei seitlich deiner Halswirbel bis zum Haaransatz nach oben.

Schließe dabei deine Augen, und spüre diesen federnden Berührungen nach.

Komme mit deinen Fingern weiter nach unten zu deinen Schultern, und klopfe auch diesen Bereich mit rhythmischen Klopfbewegungen ab. Beziehe ruhig deine Oberarme und deinen oberen Rückenbereich – soweit möglich – mit ein.

Schließe nun wieder deine Augen, und spüre in die ausgeklopften Stellen hinein. Atme dabei zweimal tief in Brust und Bauch. Beobachte, wie sich Brust- und Bauchbereich nach oben und außen weiten.

Öffne nun deine Augen, und komme mit deinen Gedanken wieder langsam in unseren Raum zurück.

Es folgt eine kurze Rückmelderunde:

✖ *In welchem Körperbereich hast du die Klopfmassage als angenehm empfunden?*

✖ *Hast du die Wärme/verbesserte Durchblutung spüren können?*

Autogenes Training

Zeitbedarf: ca. 10–15 Min.

Vorbereitung: Die Schüler suchen sich eine bequeme Sitz- oder Liegeposition.

Ziel: ein harmonischen Gleichgewicht zwischen Anspannung und Entspannung herstellen

Einsatz:
→ zur Konzentrationssteigerung
→ zur körperlichen und geistigen Entspannung

Tipps:
→ Stellen Sie dieser Übung stets eine Atemübung voran, das erhöht die Entspannungsbereitschaft und -tiefe.
→ Untermalen Sie die Übung mit leiser Entspannungsmusik.

Du liegst bequem auf deiner Unterlage. Schließe deine Augen, und lasse alle Muskeln bewusst locker.

Konzentriere dich auf die Ruhe in deinem Körper, und atme zweimal tief ein und aus.

Wiederhole nun ganz langsam mit deinen Gedanken die Formeln, die ich dir jetzt vorsage.

Die erste Formel ist die Ruheformel, sie lautet: *„Ich bin ganz ruhig!"*

Stelle dir vor, wie du mit jedem Atemzug die Ruhe in deinen Körper einatmest, und spreche gedanklich diese Formel dreimal nach: *„Ich bin ganz ruhig!"*

Du spürst, wie die Ruhe durch deinen Körper fließt. ✋

Spüre nun die Kraft, mit der sich deine beiden Arme neben deinem Oberkörper in die Unterlage drücken. Sage dir dazu folgende Formel, die Schwereformel, gedanklich dreimal vor: *„Meine Arme sind ganz schwer!"*

Spüre jetzt die Schwere deiner beiden Arme neben dir. ✋

Lenke nun deine Aufmerksamkeit auf deine beiden Beine. Auch deine Beine wollen sich entspannen.

Sage dir dazu folgende Formel dreimal in Gedanken vor: *„Meine Beine sind ganz schwer!"*

Spüre die Kraft, mit der beide Beine sich intensiv in die Unterlage drücken. 🖐

Sage dir jetzt die letzte Schwereübung gedanklich dreimal vor: *„Mein ganzer Körper ist ganz schwer!"*

Spüre noch einmal deinen Körper, von den Füßen bis zu deinem Kopf, und nimm wahr, wie schwer dein Körper mit dieser Übung geworden ist. 🖐

Nun folgt die Wärmeübung mit der Formel: *„Meine Arme sind ganz warm!"*

Lenke deine Gedanken zu deinen Armen neben deinem Körper, und stelle dir vor, du liegst in Badekleidung auf einer Liegewiese und spürst jeden einzelnen Sonnenstrahl auf deinen Armen.

Sage dir die Wärmeformel dreimal gedanklich vor: *„Meine Arme sind ganz warm!"*

Spüre die Wärme in deinen Armen. 🖐

Auch deine Beine wollen sich warm anfühlen. Stelle dir die Sonnenstrahlen auf deinen Beinen vor, und wiederhole die Wärmeformel dreimal: *„Meine Beine sind ganz warm!"*

Spüre die Wärme in deinen Beinen. 🖐

Du spürst, wie sich dein Körper langsam erwärmt. Zur Unterstützung deines Wärmeempfindens sagst du dir dreimal die folgende Formel gedanklich vor: *„Mein ganzer Körper ist ganz warm!"*

Spüre die Wärme im ganzen Körper. 🖐

Beobachte nun deine Atmung. Vergleiche deinen Atem mit den Wellen am Meer. Er fließt in immer wiederkehrenden Atemwellen in deinen Körper hinein, verteilt sich in ihm und fließt in gleichmäßigem Rhythmus wieder nach außen.

Autogenes Training

Sage dir die Atemformel dreimal in Gedanken vor: *„Mein Atem ist ruhig und gleichmäßig!"*

Spüre, wie sich deine Atmung beruhigt.

Beende nun deine Übung, werde wieder ganz frisch und aktiv. Hole tief Luft, öffne deine Augen, und strecke und dehne dich nach allen Seiten.

Es folgt eine kurze Rückmelderunde:

Hast du die Ruhe, die Schwere, die Wärme und deinen regelmäßigen Atem spüren können?

Gesichtsmassage

Zeitbedarf: ca. 5 Min.

Vorbereitung: Die Schüler sitzen bequem und mit gereinigten Händen auf ihren Plätzen.

Ziel: Entspannung der Augen und der Gesichtsmuskeln

Einsatz: → zur Auflockerung nach langer geistiger Anstrengung
→ nach langer Bildschirmarbeit

Tipp: Massageöl oder hautfreundliches Duftöl, in die Finger eingerieben, verstärken das Entspannungsgefühl und lösen so schneller Anspannungen.

Lockere am Anfang deine Gesichtsmuskulatur, indem du mit deinen Fingern die Haut nach außen ziehst, zupfst und kreisförmig massierst.
Reibe jetzt deine Hände warm, und glätte langsam mit deinen Fingerspitzen die Stirn von der Mitte zur Seite. Halte dabei deine Augen geschlossen.

Nimm jede Berührung bewusst wahr.

Gehe anschließend zu deinen Kiefergelenken, und lockere mit kreisenden Massagebewegungen der Finger deine Haut und deine Kiefermuskeln.
Lasse beide Zeigefinger weiter auf deinen Kaumuskeln liegen.
Bewege nun deinen Unterkiefer zur linken und rechten Seite, und verstärke dadurch die Lockerung der Kaumuskeln und die Entspannung der Gesichtsmuskulatur. Spüre nach, wie sich dein Kieferbereich anfühlt.
Verbessere nun die Durchblutung im Gesicht durch eine Fingerklopfmassage. Führe deine Finger dabei locker tippelnd über deine Stirn, Wangen, Nase, Mund und Kinn. Fühle den weichen, warmen Berührungen mit geschlossenen Augen nach.

Reibe deine Hände zum Abschluss kräftig warm, und lege dein Gesicht zur Entspannung hinein.

Es folgt eine kurze Rückmelderunde:

Wie fühlt sich dein Gesicht nun an?

Faustmassage

Zeitbedarf: ca. 5 Min.

Vorbereitung: Die Schüler sitzen mit ausreichend Abstand zum Nachbarn auf ihren Stühlen.

Ziele:
→ Durchblutungsförderung
→ Stimulieren der Akupressurpunkte
→ Massage der Handreflexzonen

Einsatz:
→ Verbesserung des Wohlbefindens nach langen Schreibphasen
→ als „Achtsamkeitstraining"

Tipps:
→ Vorheriges Händewaschen und Eincremen mit Lotion oder Massageöl fördert die Entspannung der Finger und Hände.
→ Rhythmische Musik unterstützt die Entspannungsbereitschaft.

Stelle dich mit beiden Beinen gut geerdet, d.h. die ganze Fußsohle liegt am Boden auf, und leicht gegrätscht hin.

Wölbe dein Becken nach vorne, und lasse deinen Rücken gerade. Schließe deine Augen, denn das Nachspüren fällt dir mit geschlossenen Augen leichter.

Spreize nun alle Finger der linken Hand, spanne sie an, und beginne mit der Faust deiner rechten Hand, die Handinnenfläche, die Finger und die Seiten deiner linken Hand mit klopfenden Bewegungen zu massieren. Anschließend klopfst du noch deinen linken Unterarm ab.

An welchen Stellen fühlt sich das Klopfen besonders gut an?
Wechsle anschließend die Seite.

COOL DOWN!

Faustmassage

Wiederhole das Ausklopfen an der anderen Hand, spüre auch hier intensiv nach, setze dich anschließend wieder auf deinen Stuhl, und fühle noch mal allen Empfindungen in beiden Händen nach.

Schüttle beide Hände und Arme nun gut aus.

Es folgt eine kurze Rückmelderunde:

✖ *Welche Empfindungen konntest du wahrnehmen?*
  Ein wärmendes, pulsierendes, stechendes oder anderes Gefühl?

✖ *Wie fühlen sich deine Hände jetzt an?*

Klopfmassage

Zeitbedarf: ca. 5 Min.

Vorbereitung: Die Schüler bilden stehend einen Kreis und drehen sich so zur Seite, dass jeder einen Rücken vor sich hat.

Ziele:
→ geistige und körperliche Entspannung
→ Durchblutung der Hals-, Schulter- und Rückenpartie

Einsatz: Auflockerung nach langem Sitzen

Tipps:
→ Führen Sie diese Übung nur mit Schülern durch, die Berührungen als positiv empfinden.
→ Rhythmische Musik unterstützt die Entspannung.
→ Weisen Sie die Schüler eindringlich darauf hin, dass nur sanftes Klopfen als angenehm empfunden wird.

Massiere etwa eine Minute den Rücken deines Vordermannes mit sanften Klopfbewegungen deiner Fingerspitzen. Achte auf sanfte Klopfbewegungen. Gehe dann vom Halsbereich über den Schulterbereich langsam zum unteren Rückenbereich, und komme wieder Stück für Stück nach oben zurück.
Knete nun vorsichtig den Schulterbereich deines Vordermanns durch, und klatsche dann mit wohltuenden Klatschbewegungen mit deiner ganzen Handfläche den Rücken von oben nach unten sanft ab, und komme auch hier wieder langsam klatschend nach oben zurück.
Zum Abschluss streichst du mit deinen Fingern kräftig den Rücken deines Vordermanns aus. Spüre auch die Wohltat dieser Berührung an deinem Rücken.

Nachdem du den Rücken deines Vordermanns massiert hast, drehst du dich gegen den Uhrzeigersinn zur anderen Seite und wiederholst diese Übung am Rücken deines vorherigen Masseurs.

Es folgt eine kurze Rückmelderunde:

Wie fühlen sich die Berührungen an?

COOL DOWN!

Der Oktopus

Zeitbedarf: ca. 5 Min.

Vorbereitung: Die Schüler suchen sich einen Stehplatz mit ausreichend Bewegungsfreiheit für beide Arme.

Ziel: Lösen von Verkrampfungen und Blockaden in den Gelenken von Armen und Beinen

Einsatz: → nach langem Sitzen
→ als anregende Unterbrechung zwischen den Stunden, um in die „Gänge" zu kommen

Tipp: Rhythmische Musik, z.B. türkische oder arabische Musik, unterstützt die Mitmachbereitschaft.

Stelle dich schulterbreit und gut mit dem Boden verwurzelt hin. Achte dabei auf ausreichend Bewegungsfreiheit für deine Arme.

Stelle dir nun einen Oktopus vor, der mit seinen acht Armen in schlangenartigen Bewegungen in alle Richtungen schwimmen kann. Deine Arme führen nun mit der gleichen Geschmeidigkeit solche Bewegungen aus.

Lenke dazu deine Aufmerksamkeit auf deine beiden Arme. Hebe sie nach oben, und bewege deine Finger, deine Hände und deine Arme kreisförmig, spiralenförmig, in Kurven, ausgestreckt oder angewinkelt im Rhythmus der Musik durch die Luft. Schließe deine Augen, und spüre deinen Bewegungen nach: Welche der Bewegungen sind für dich wohltuend, und wo kannst du deine Muskeln spüren?

Setze dich nun auf einen Stuhl, und wiederhole diese Übung mit beiden Beinen. Versuche, einmal mit geschlossenen und einmal mit offenen Augen, deine Beine im Rhythmus der Musik zu schlängeln.

Es folgt eine kurze Rückmelderunde:

Welche Muskelbereiche konntest du spüren?

Kutscherhaltung mit Erweiterung

Zeitbedarf:	ca. 5 Min.
Vorbereitung:	Die Schüler sitzen auf ihren Plätzen.
Ziele:	→ Stärkung und Entspannung der Rückenmuskulatur → Förderung der Konzentration
Einsatz:	→ zur Ruhefindung zwischen den Stunden → als Sitzposition beim autogenen Training, bei Kurzmeditationen, Fantasiereisen und Wahrnehmungsübungen
Tipps:	→ Bequeme lockere Kleidung macht frei und entspannt. → Bei einer Fortführung mit autogenem Training o.Ä. verzichten Sie auf die Rückführung. → Achten Sie auf eine langsame und sorgfältige Durchführung der Übung.

Nimm eine bequeme Sitzhaltung ein, stelle die Beine weit auseinander, und beuge deinen Oberkörper nach vorne. Stelle dir dabei einen Kutscher auf seinem Gespann vor.

Lege deine Ellenbogen auf deinen Knien ab, und lasse den Kopf nach unten baumeln.

Spüre, wie die Kraft deiner beiden Ellenbogen deine beiden Beine schwer in den Boden drückt.

Schließe deine Augen, oder lasse sie geöffnet, und achte dabei auf deine Atmung. Beobachte, wie dein Oberkörper sich bei jedem Einatmen hebt und bei jedem Ausatmen wieder in sich zusammenfällt.

Spüre, wie sich deine Oberarme beim Einatmen wie Teleskopstangen ausfahren und beim Ausatmen wieder langsam zusammenschieben.

In dieser Haltung können Sie jetzt mit der Übung beginnen.

Kutscherhaltung
mit Erweiterung

Nimm deine beiden Hände, und lege sie zwischen deinen Beinen auf dem Boden ab. Drücke deine Handflächen dabei fest mit deiner ganzen Kraft auf den Boden, und spüre die Rückendehnung.

Komme nun beim Einatmen in langsamem Tempo Wirbel für Wirbel nach oben, und richte dich wieder ganz auf.

Strecke deinen Kopf- und Halsbereich weit nach oben zur Decke. Lasse dabei dein Kinn leicht nach unten fallen, und stelle dir vor, wie ein am Scheitelpunkt fixiertes Seil deinen Kopf und deinen Körper nach oben zieht. Spüre die Streckung in der gesamten Wirbelsäule. Lenke deinen Atem tief zum Bauchnabel, und lasse ihn wieder langsam nach außen fließen.

Lasse nun deinen Kopf mit dem Ausatmen behutsam nach unten fallen, und rolle deinen Oberkörper dabei Wirbel für Wirbel ab. Spüre die wohltuende Schwere, mit der sich der Oberkörper nach unten drückt. Erst wenn beide Handflächen den Boden berühren, richtest du dich mit dem Einatmen wieder auf.

Zum Beenden der Übung setzt du dich ganz nach vorne auf die Stuhlkante. Verschränke deine beiden Hände hinter deinem Rücken, und ziehe sie so weit nach oben, bis sich deine beiden Schulterblätter fast berühren. Der Kopf ist dabei gerade.

Sie können die Übung an dieser Stelle mit einem Ausschütteln des Körpers beenden oder mit einem Entspannungsverfahren fortfahren.

Mentale Übungen –
Positives Denken

„Lächle, und du fühlst dich gut!"

Zeitbedarf: ca. 5–10 Min.

Vorbereitung: Die Schüler nehmen eine entspannte Körperhaltung ein.

Ziele:
→ Freisetzen von Glückshormonen
→ Lösen von Anspannungen
→ Stärkung der Abwehrkräfte
→ Heben der Stimmung

Einsatz:
→ zum Stressabbau
→ zur Stimmungsaufhellung
→ ls einführende Übung bei Seminaren und Gruppenarbeiten

Tipps:
→ Lächeln Sie oft, mit und ohne Grund, und atmen Sie dieses Lächeln ganz tief in Ihren Körper ein.
→ Musikuntermalung unterstützt die Entspannungsbereitschaft.

Die Übung beginnt mit einer kurzen Hinführung:
Untersuchungen von Gelotologen (Lachforscher) haben ergeben, dass es unserem Gehirn ganz gleichgültig ist, ob wir aus tiefstem Herzen lachen, künstlich lachen oder grundlos lachen. Bei jedem Lachen werden Glückshormone freigesetzt.

Schließe deine Augen, und zaubere ein Lächeln auf deine Lippen – auch und gerade dann, wenn dir nicht nach einem Lächeln zu Mute ist.

Spüre, wie sich deine Lippen seitlich weiten, deine Backen sich Richtung Augen nach oben schieben und deine Augen und dein Stirnbereich sich entspannen.

Wie fühlt sich dieses Lächeln in deinem Körper an?

Spüre, wie dein Gehirn dieses Lächeln registriert und Glückshormone (Endorphine) ausschüttet.

„Lächle, und du fühlst dich gut!"

Schicke jetzt dein Lächeln zusammen mit deinem Atem durch deinen ganzen Körper.

Atme dein Lächeln tief in deinen Körper ein, und lasse das Lächeln in deine beiden Arme fließen.

Spüre, wie sich deine Arme dabei anfühlen.

Lenke dein Lächeln weiter in deine beiden Beine, und spüre, wie sich deine Beine angenehm schwer und entspannt anfühlen.

Schicke den nächsten Atem zusammen mit deinem Lächeln in deinen Brust- und Bauchraum.

Spüre, wie sich allmählich ein angenehmes Gefühl im Körper breitmacht.

Nimm innere Freude wahr, und genieße die momentane Kraft, mit der du deine Gedanken beeinflussen und lenken kannst.

Öffne nun deine Augen, strecke dich nach allen Seiten, und behalte dieses Lächeln noch lange auf deinen Lippen. Nimm auch das Lächeln deiner Mitmenschen wahr.

Wiederhole diese Übung täglich, und sei dir der Energie bewusst, die dabei deinen Körper durchfließt und gleichzeitig stärkt.

Es folgt eine kurze Rückmelderunde:

War es schwer, das Lächeln auf deine Lippen zu zaubern, auch wenn dir vielleicht gar nicht nach Lachen zu Mute war?

COOL DOWN!

Positives Kraftdenken

Zeitbedarf: ca. 5–10 Min.

Vorbereitung: Die Schüler nehmen eine entspannte Sitzposition oder, je nach vorhandenem Platz, eine Rückenlage ein.

Ziele: → Mentaltraining, d.h. sich der Macht und Kraft der eigenen Gedanken bewusst werden
→ sich mental steuern lernen

Einsatz: → zur Bewältigung von „leichten" Prüfungsängsten
→ zur mentalen Einstimmung vor Klassenarbeiten

Tipp: Die Übung ist geeignet für Hypochonder und Menschen, die sich gerne hinter kleineren Wehwehchen verstecken bzw. diese als Entschuldigung für ihr Verhalten vorschieben.

Du liegst entspannt auf deiner Unterlage. Fixiere mit deinen Augen einen Punkt an der Decke, oder schließe die Augen.

Lasse den Atem tief in deine Nase einfließen, und lenke ihn weiter durch Brust- und Bauchraum. Beobachte dabei das Heben und Senken deiner Bauchdecke.

Spüre, wie dein Rücken sich tief in die Unterlage drückt, während sich dein Bauch nach außen wölbt.

Was machen deine Gedanken, während du atmest?

Lasse dein Gedankenband einfach an dir vorüberziehen, ohne daran kleben zu bleiben, ohne deine Gedanken zu bewerten. Atme dabei zehnmal in deinem eigenen Rhythmus tief ein und aus.

Nutze jetzt die Kraft deiner Gedanken, und lasse nur positive Sätze oder Gedanken in dein Bewusstsein vordringen.

Überlege dir ein Ziel, das du in naher Zukunft erreichen willst. Spreche dazu einen Satz, der dir die Kraft gibt, dein Ziel zu erreichen, z.B.: *„Ich schaffe alles, was ich auch von ganzem Herzen will!"*

COOL DOWN!

Positives Kraftdenken

Wiederhole den Satz zehnmal in Gedanken, und spüre die Kraft, die dabei von ihm ausgeht.

Fühle dabei, wie diese Kraft mit jedem Atemzug tiefer in deinen Körper einfließt und sich überall verteilt. Dein Körper ist mit positiver Energie durchflutet.

Spüre, wie sich dein Körper jetzt anfühlt.

→ Wie viel Aufmerksamkeit schenkst du deinem Körper im Alltag?

→ Wie oft nimmst du Signale deines Körpers wahr oder nicht wahr?

→ Schiebst du öfter mal kleinere Erkrankungen vor oder übertreibst absichtlich, um die Aufmerksamkeit auf dich zu lenken?

→ Wie viel Bedeutung schenkst du dem Thema „Krankheit" im Alltag?

Merke dir jetzt einen positiven Leitsatz, der dir hilft, mit kleineren Unpässlichkeiten gut umzugehen.

Sage dir dazu den folgenden Satz zehnmal in Gedanken vor, und spüre die Kraft, die von ihm ausgeht:

„Ich fühle mich wohl, mir geht es gut, ich bin gesund!"

Beobachte, wie diese Kraft mit jedem Atemzug tiefer in deinen Körper einfließt und sich überall verteilt. Dein Körper ist jetzt mit positiver Energie durchflutet.

→ Wie fühlt sich dein Körper im Augenblick an?

Strecke und dehne nun deine Arme und Beine, und öffne deine Augen. Komme wieder mit deiner Wahrnehmung in den Raum zurück.

Es folgt eine kurze Rückmelderunde:

Wie hast du dich bei dieser Übung gefühlt?

COOL DOWN!

Lenke bewusst deine Gedanken!

Zeitbedarf: ca. 10–20 Min.

Vorbereitung: Die Schüler nehmen die Kutscherhaltung bzw. eine entspannte Sitz- oder Liegeposition ein.

Ziele:
→ positive Denk- und Sichtweisen erarbeiten
→ seine Gedanken bewusst lenken und sich nicht von ihnen lenken lassen

Einsatz:
→ zur Überprüfung der eigenen Denk- und Sichtweise
→ als meditative Übung zwischen den Stunden zur thematischen Hinführung zu Themen wie Mobbing, Sozialverhalten, Gefühle äußern …

Tipps:
→ Lesen Sie die Übungsanleitung vor, und geben Sie den Schülern kurz Zeit, sich dazu ihre eigenen Gedanken zu machen.
→ Diese Übung eignet sich gut für meditativ erfahrene Personen und Gruppen.
→ Beginnen Sie diese Übung mit einer kurzen Atemmeditation.
→ Wiederholen Sie diese Übung täglich mit der Klasse. Beobachten Sie dabei auch die Veränderung in der Klasse: Wie gehen die Schüler mit Mitschülern um, und wie reagieren diese auf sie?

Die Übung beginnt mit einer kurzen Hinführung:
Viele Menschen neigen dazu, ihre Lebensumstände, ihre Prognosen und ihr Umfeld überwiegend negativ zu bewerten. Der Wunsch, immer noch mehr zu erhalten für immer weniger Aufwand, ist in unserer Gesellschaft weit verbreitet. Wirtschaftliche Interessen und der Einfluss der Medien auf unser Konsumverhalten unterstützen diese Denkweise. Was oft bleibt, sind Unzufriedenheit, Versagensängste, Unsicherheit und Lebensängste.

COOL DOWN!

Lenke bewusst deine Gedanken!

Schließe deine Augen, und beobachte dein Gedankenband, wie es in Bewegung ist und fortlaufend an dir vorüberzieht. Beobachte auch, wie sich manche Gedanken in den Vordergrund stellen wollen.

Lasse dies aber nicht zu! Schicke jeden deiner Gedanken weiter, und gib keinem deiner Gedanken die Macht, sich zu wichtig zu nehmen.

Lenke nun deine Gedanken zu deiner eigenen Person, und überlege dir fünf positive Eigenschaften, die auf dich zutreffen. Vielleicht sind es Eigenschaften, die du schon öfter anerkennend von deinen Mitmenschen hören durftest.

Anerkennende, bewundernde, wohltuende Äußerungen von Eltern, Freunden, Lehrern, Mitschülern, Arbeitskollegen oder Vorgesetzten. ✋ 2 Min.

Wie fühlten sich diese Worte an?
Wie haben diese Worte dein Verhalten, dein Selbstbewusstsein beeinflusst?
Hast du dich über diese positiven verbalen Streicheleinheiten gefreut?
Lasse dir Zeit, und genieße einen Augenblick diese Zufriedenheit in dir.

✋ 1 Min. mit Musikuntermalung

Suche dir jetzt einen Menschen in deinem Umfeld, der sich über deine positive Zuwendung freuen würde. Ein Mensch, dem es im Augenblick nicht so gut geht. Jemanden, dem du mit ehrlichen, ernstgemeinten und liebevollen Worten das Herz wieder öffnen kannst.

✋ 1 Min. mit Musikuntermalung

Was wirst du diesem Menschen jetzt sagen?
Wie nimmt dieser Mensch deine wohltuenden Worte auf?
Wie sind sein Gesichtsausdruck, seine Körperhaltung?

✋ 1 Min. mit Musikuntermalung

Komme jetzt wieder mit deiner ganzen Aufmerksamkeit zu deinem Körper zurück. Wie fühlst du dich, nachdem du einem Menschen auf so liebevolle Weise begegnet bist?

Dieses Gefühl kannst du immer wieder erleben, so oft du willst.

Lenke bewusst deine Gedanken!

Behalte dieses Gefühl noch lange in deinem Körper, und komme abschließend wieder in unseren Raum zurück. Öffne deine Augen, strecke dich nach allen Seiten, und klopfe deinen Körper wieder mit leichten Bewegungen wach.

Es folgt eine kurze Rückmelderunde:

✖ *Hast du einen Mitmenschen gefunden, der sich über deine Worte gefreut hat?*

✖ *Wie hast du dich dabei gefühlt?*

Heute schon gezielt?

Zeitbedarf: ca. 10 Min.

Vorbereitung: Die Schüler nehmen eine gesunde, aufrechte Sitzposition ein.

Ziel: Finden eines Tages-, Wochen- und Jahresziels

Einsatz:
→ bei Perspektivlosigkeit und zur Sinnfindung in der Pubertät
→ zur schnelleren Überwindung von „Durchhängern" als Hinführung zum Thema „Berufswunsch"

Tipps:
→ Führen Sie diese Übung bei höheren Klassen oder entspannungserfahrenen Gruppen durch.
→ Wiederholen Sie diese Übung regelmäßig.
→ Leise Musik hilft oftmals, sich schneller zu entspannen.

Schließe deine Augen, und lenke deine Gedanken zu deinem Körper. Beobachte deine regelmäßige Atmung.

Beim Atmen füllen sich dein Brust- und Bauchbereich mit Luft, beim Ausatmen schrumpft dein Bauch wieder zusammen. Sei dir im Klaren, dass du mit jedem intensiven Atemzug ca. ½ Liter Sauerstoff in deine Lunge einatmest. Bei einem durchschnittlichen Lungenvolumen von fünf Litern ist das immerhin ein $^{1}/_{10}$ des Gesamtvolumens. Damit die ganze verbrauchte Luft wieder nach außen gelangen kann, ist es wichtig, dreimal länger auszuatmen, als du einatmest.

Lasse deinen Atem weiter fließen, und lenke deine Aufmerksamkeit zu folgendem Ausspruch: *„Ohne Ziel verlebst du den Tag! Ein Ziel gibt deinem Leben einen Sinn!"*

Lasse diesen Satz auf dich wirken.
✋ 1 Min. mit Musikeinblendung

Heute schon gezielt?

Ziele geben deinem Leben eine Orientierung und verleihen deinem Leben einen tieferen Sinn.
Ziele wirken richtungsweisend und helfen dir, deinen Weg zu finden.

Welcher Weg könnte für dich der richtige sein?
✋ 2 Min. mit Musikeinblendung

Überlege dir jetzt ein Ziel für den heutigen Tag, für die kommende Woche oder für das laufende Jahr.
Was willst du heute Abend, in einer Woche, in einem Jahr erreicht haben?

Nimm dir jetzt ein paar Minuten Zeit dafür.
✋ 2 Min. mit Musikeinblendung

Komme mit deinen Gedanken allmählich wieder in unseren Raum zurück, öffne deine Augen, strecke dich in alle Richtungen, und klopfe deinen Körper kurz aus.

Es folgt eine kurze Rückmelderunde:

Hast du ein Ziel oder mehrere Ziel gefunden? Arbeite jetzt täglich an der Umsetzung deines Zieles oder deiner Ziele. Glaube daran, dass du alles, was du selbst aus ganzem Herzen willst und für dich stimmig ist, auch wirklich schaffen kannst. Deine innere Kraft unterstützt dich dabei.

Managerübung

Zeitbedarf: ca. 5 Min.

Vorbereitung: Die Schüler nehmen eine aufrechte Sitzposition ein, schließen dabei die Augen oder fixieren einen Punkt.

Ziel: Motivationssteigerung durch Autosuggestion (Selbstbeeinflussung)

Einsatz:
→ bei Stimmungsschwankungen
→ als mentale Ruheübung bei unruhigen Klassen
→ zur gedanklichen Auflockerung für zwischendurch

Tipps:
→ Diese Übung sollte mehrmals täglich durchgeführt werden, damit sich die positiven Denkansätze auch manifestieren können.
→ Tragen Sie mit ruhiger, freundlicher Stimme langsam den Text vor.
→ Dezente Hintergrundmusik unterstützt die Mitmachbereitschaft.

Begib dich in eine aufrechte Sitzposition, und schließe deine Augen. Lenke deine Gedanken zu deiner Atmung, und spüre, wie dein Atem ganz von allein, ohne dein Dazutun, in deinen Körper fließt.
Beim Ausfließen braucht dein Atem allerdings meist deine ganze Aufmerksamkeit. Lasse deshalb deine Gedanken ganz bei deiner Atmung.
Spüre, wie der Atem durch deine Blutgefäße fließt und alle Bereiche deines Körpers mit Sauerstoff versorgt. Lenke anschließend deine verbrauchte Luft ganz langsam und bewusst nach außen.

🖐 1 Min.

Dein Gedankenband läuft in dieser Zeit ununterbrochen weiter. Du kannst mit deinem Willen jetzt dieses Band unterbrechen und jeden Gedanken in den Hintergrund stellen.

COOL DOWN!

Managerübung

Gehe jetzt zu deinen Gedanken, und beobachte sie. Welche Gedanken treten im Augenblick in den Vordergrund?

Lasse keinen dieser Gedanken mehr in den Vordergrund gelangen. Sobald der nächste Gedanke ins Bewusstsein kommt, sprichst du mit ihm und bittest ihn, dich in Ruhe zu lassen.

Beachte keinen deiner aufkommenden Gedanken genauer. Lasse stattdessen dein Gedankenband achtlos an dir vorbeiziehen.

✋ 2 Min.

Während die Gedanken unbeachtet an dir vorbeiziehen, spürst du mehr und mehr, wie die Ruhe und Entspannung in deinen Körper fließen.

Durch jede einzelne Pore strömt die Ruhe in deinen Körper und gibt dir die Kraft, die du benötigst.

Gib dieser positiven Energie jetzt die Möglichkeit, sich ganz in deinem Denken und in deinem Fühlen festzusetzen.

Sage dir folgende Sätze mehrmals in Gedanken vor:

➔ *„Ich fühle mich wohl, mir geht es gut, ich bin gesund!"*

➔ *„Ich schaffe alles, was ich auch von ganzem Herzen schaffen will!"*

Komme anschließend wieder langsam in deinem Tempo in den Raum zurück, und spüre der Kraft in deinem Körper nach.

Es folgt eine kurze Rückmelderunde:

Was ist mit deinen Gedanken geschehen?

Lach mal wieder!

Zeitbedarf: ca. 5 Min.

Vorbereitung: Die Schüler verteilen sich stehend im Raum.

Ziele:
→ Stärkung des Selbstvertrauens
→ Ausschüttung von Glückshormonen (Endorphine)
→ Stärkung von Herz und Kreislauf und psychischer Befindlichkeit
→ Lösen von Verspannungen

Einsatz:
→ zum Stressabbau nach Klassenarbeiten oder Problemen in der Klasse
→ zur Stärkung der Lernatmosphäre
→ zur Auflockerung nach langen Konzentrationsphasen
→ zur Entspannung
→ als „Aufwecker" für zwischendurch

Tipp: Lockern Sie die Klassenatmosphäre immer wieder mal durch lustige Gespräche oder Einwürfe auf. Bringen Sie Ihre Schüler öfter mal zum Lachen.

Die Übung beginnt mit einer kurzen Hinführung:
Ein Kind lacht am Tag etwa 400-mal, ein Erwachsener nur noch etwa
15-mal pro Tag.
Erzählen Sie einen Witz, ein lustiges Ereignis oder eine kurze amüsante
Begebenheit zum Einstieg, oder fordern Sie einen Schüler dazu auf.

Stelle dich schulterbreit mit geschlossenen Augen hin, zaubere ein Lächeln auf deine Lippen, und atme dieses Lächeln mehrmals tief ein.

Öffne deine Augen, bewege dich langsam durch den Raum, und suche Blickkontakt zu deinen Mitmenschen.

Schenke jedem Gegenüber im Vorbeigehen erst mal ein Lächeln, und spüre, wie sich deine Befindlichkeit dadurch verändert, wie sich dein Körper dabei anfühlt.

COOL DOWN!

Lach mal wieder!

Während du dich jetzt weiter durch den Raum bewegst, begegnest du deinen Mitschülern mit folgenden Lachvarianten:

→ ein Verlegenheits-Lachen

→ ein lautes Animations-Lachen

→ ein Dankeschön-Lächeln

→ ein unterdrücktes Lachen

→ ein strahlendes Lächeln

→ ein grunzendes Lachen

→ ein lautloses Lachen

→ ein verstecktes Lachen

→ ein Lachsack-Lachen

→ ein höfliches, vornehmes Lächeln

→ ein Fotografen-Lächeln …

Nimm anschließend wieder Platz, und spüre in deinem Körper nach.

Wie fühlst du dich im Augenblick?

Es folgt eine kurze Rückmelderunde:

✖ *Wie hast du dich bei den einzelnen Übungen gefühlt?*

✖ *Welches Lachen fiel dir leicht/schwer, und warum?*

Du schaffst alles, was du selbst willst!

Zeitbedarf: ca. 10–20 Min.

Vorbereitung: Die Schüler sitzen entspannt auf ihren Stühlen. Der Raum ist gelüftet.

Ziele:
→ Überprüfen der eigenen Denkstruktur
→ Erlernen des positiven Denkens als Motivationshilfe für den gewünschten Erfolg

Einsatz:
→ zur positiven Einstimmung vor Klassenarbeiten
→ als Einstieg bei Sozialtrainings
→ zur Abwechslung im Unterricht

Tipp: Nehmen Sie sich für diese Übung etwas mehr Zeit, damit von Erfahrungen aus dem Alltag berichtet werden kann.

Mache es dir bequem, und konzentriere dich auf deine Gedanken. Wie siehst du dich selbst, eher als positiv denkenden Menschen oder eher als einen negativ geprägten Menschen? Um dies herauszufinden, kannst du dein Vokabular, deine oft gesprochenen oder gedachten Gedanken, kurz überprüfen. Benutzt du öfter Sätze wie:

→ *„Das kann ich nicht!"*

→ *„Das hat sowieso keinen Sinn!"*

→ *„Das werde ich nie schaffen!"* oder

→ *„Ich hasse meine Arbeit/Schule/Lehrer/Mitschüler!"*

Oder bist du eher ein optimistischer und positiv denkender Mensch, der sich mental beeinflusst durch Sätze wie:

→ *„Ich schaffe alles, was ich auch will!"*

→ *„Ich probiere es mal und sehe dann weiter!"*

COOL DOWN!

Du schaffst alles,
was du selbst willst!

→ *„Ich will das unbedingt erreichen!" oder*

→ *„Irgendwie geht alles weiter!"*

Sei dir darüber im Klaren, dass alles, was du denkst, in deinem Unterbewusstsein gespeichert wird. Dein Unterbewusstsein ist dabei deine Festplatte, die alles aufnimmt und abspeichert, was du denkst, sprichst oder über dich hörst. Jeder gespeicherte Gedanke oder jedes gesprochene Wort wirkt auf dein Unterbewusstsein und formt wiederum dein Verhalten und deine Gefühle.

Hier ein Beispiel eines negativ denkenden Menschen, eines Pessimisten:

Bei einer Schulaufgabe in Mathematik versagst du bereits zum zweiten Mal hintereinander. Du magst dieses Fach nicht und äußerst dies auch bei jeder Gelegenheit:

→ *„Mein Lehrer kann nicht gut erklären!"*

→ *„Die Mitschüler stören ständig, ich kann mich nicht konzentrieren!"*

→ *„Mathematik hab ich noch nie gemocht, ich hasse dieses Fach!"*

→ *„Ich kann nichts dafür, ich leide unter Prüfungsangst!"*

Ein Lehrer, der nicht gut erklären kann, die Mitschüler, die stören, und deine Prüfungsangst sind also für dein Versagen verantwortlich. Diese Gedanken werden im Unterbewusstsein gespeichert und bei Bedarf auch wieder von dir abgerufen.

Deine mangelhafte Vorbereitung oder dein fehlendes Interesse, deine negative Einstellung zur Schule, deinen Mitschülern und dem Fach siehst du aber nicht als Ursache deiner schlechten Noten.
Die wohltuende Aufmerksamkeit in Form von Mitfühlen und Mitleiden bei einem Versagen durch Prüfungsangst und einem unfähigen Lehrer scheint dir sicherer zu sein, als bei einem Versagen durch Faulheit und mangelndes Interesse für dieses Fach.
Dein Verhalten wird sich dadurch aber nicht ändern und somit auch nicht deine Noten.

Du schaffst alles, was du selbst willst!

Zum Vergleich hier das Beispiel eines positiv denkenden Menschen, eines Optimisten:

Das Fach Mathematik rangiert bei dir auf der Beliebtheitsskala eher auf den hinteren Plätzen, aber du willst deine ganze Kraft und Zeit diesem Fach widmen.

Dein Ziel ist es, dich mental bewusst auf die nächste Schulaufgabe zu konzentrieren und vorzubereiten.

Mit folgenden Sätzen wirst du dein Unterbewusstsein positiv beeinflussen:

→ *„Ich will eine gute Note in Mathematik schaffen!"*

→ *„Ich bereite mich intensiv darauf vor!"*

→ *„Mathe macht echt Spaß, wenn ich mich näher damit auseinandersetze!"*

→ *„Bei guter Vorbereitung fühle ich mich sicher und wohl!"*

Sage dir die Sätze dabei so oft wie möglich vor. Deine positiven Gedanken werden die vorhandenen negativen Gedanken in deinem Unterbewusstsein so nach und nach ersetzen.

Deine Gedanken bestimmen dabei deine Gefühle. Deine Gefühle wiederum zeigen sich in deinem Verhalten. Du gehst so gut vorbereitet in die Prüfung, fühlst dich selbstbewusst und freust dich darauf, dein Wissen endlich zeigen zu dürfen.

Es folgt eine kurze Rückmelderunde:

✖ *Wann und wie hat dein positives oder negatives Denken zuletzt dein Verhalten und deine Gefühle beeinflusst?*

✖ *Wer will von seinen Erfahrungen berichten?*

COOL DOWN!

Alles begann mit einem Gedanken ...

Zeitbedarf: ca. 10 Min.

Vorbereitung: Die Schüler legen oder setzen sich auf eine bequeme Unterlage. Der Raum ist gut gelüftet.

Ziele:
→ Beobachten der eigenen Gedankenstruktur
→ Kennenlernen positiver Gedankenstrukturen als Erfolgsgarant
→ zur Steigerung der Konzentration

Einsatz:
→ zur Motivation vor anstrengenden und schwierigen Aufgaben
→ zur Entscheidungsfindung
→ bei Sozialtrainings

Tipps:
→ Ruhige Musik unterstützt die Entspannungsbereitschaft.
→ Durch tägliche Wiederholung werden die Übungen schneller verinnerlicht.

Überlege dir einen Wunsch, den du schon lange hast und unbedingt mal verwirklichen willst, oder ein Ziel, das du dir gesteckt hast, um dieses bald oder in naher Zukunft zu verwirklichen.

Lasse aus einem Gedanken einen Lebenstraum, eine Vision werden, die du jetzt mit deiner ganzen Vorstellungskraft wie ein Bild vor deinem inneren Auge auftauchen lässt.

Unterstütze deine Gedanken mit der positiven Erfolgsformel: *„Ich schaffe alles, was ich auch von ganzem Herzen will!"*

Stelle dir vor, was du alles in die Wege leitest und wie alles so ganz selbstverständlich gut abläuft. 🖐 1 Min.

Formuliere deinen Wunsch bzw. dein Ziel jetzt so, als hättest du alles schon erreicht, und beginne den Satz mit: *„Ich bin stolz, dass ich das ... geschafft habe!"* Zum Beispiel das Abitur, den Führerschein oder eine gute Note in der Klausur.

Setze nun deinen Wunsch ein.

Spüre die Kraft deiner Gedanken und das angenehme Gefühl, nachdem sich dein gedanklicher Wunsch erfüllt hat. 🖐 1 Min.

Wie fühlt sich dein Wunsch an?

Überlege nun, was sich in deinem Umfeld alles verändert hat und welche Bedingungen geschaffen werden mussten, um deinem Ziel einen Schritt näher zu kommen.

Mit welchen Selbstzweifeln und Ängsten wurdest du bei der Verwirklichung deiner Idee konfrontiert?

Welche Menschen haben dich positiv bestärkt und dir bei der Umsetzung geholfen?

Von wem hast du die Hilfe annehmen können? 🖐 1 Min.

Genieße nun noch einen Augenblick das Gefühl, dir einen Lebenstraum erfüllt zu haben, und komme anschließend wieder langsam in die Realität zurück.

Es folgt eine kurze Rückmelderunde:

✖ *Wer konnte sich einen Wunsch erfüllen?*

✖ *Welche Gedanken haben dich dabei unterstützt, und welche haben dich blockiert?*

COOL DOWN!

Fantasiereisen

Der Strandspaziergang

Zeitbedarf: ca. 8–10 Min.

Vorbereitung: Die Schüler legen oder setzen sich auf eine bequeme Unterlage.

Ziel: geistige und körperliche Entspannung

Einsatz: → zur Ruhefindung und zur Entspannung nach langen Lernphasen
→ zum Abschalten nach Klassenarbeiten

Tipps: → Leise Musikuntermalung vertieft das Entspannungsgefühl.
→ Führen Sie vorab eine Atemübung durch.

Schließe deine Augen, und beobachte deinen Atemrhythmus, das regelmäßige Kommen und Gehen deines Atems. Atme tief ein und wieder aus, ein und wieder aus.

Stelle dir jetzt in Gedanken einen schönen Sandstrand vor, vielleicht einen Strand, an dem du selbst schon mal warst.
Beobachte das Meer, die Wellen und alles, was du auf dem Wasser erkennen kannst: die Schiffe, die großen Tanker weiter draußen, die Surfer und die Segler in Strandnähe.

Gehe jetzt gedanklich am Strand entlang. Spüre, wie das warme Wasser deine nackten Füße umspült und du dabei immer tiefer und tiefer im Sand versinkst. Dieses Spiel wiederholst du eine Weile und genießt dabei, wie der Sand sich zwischen deinen Zehen durchdrückt. Ein angenehmes Gefühl durchströmt deinen ganzen Körper.

Am Himmel taucht plötzlich ein leuchtend bunter Heißluftballon auf. Dieser Ballon ist leer. Wenn du willst, kannst du deinen gesamten Gedankenmüll diesem Ballon mitgeben. Alles, was dich heute belastet hat, negative Gedanken und Gefühle oder negative Erlebnisse, gibst du diesem Ballon mit.

Der Strandspaziergang

Lege auch Gedanken und Gefühle hinein, die dir in letzter Zeit unangenehm waren. ✋ 2 Min.

Beobachte, wie der Ballon sich langsam von dir entfernt. Dein ganzer Ballast geht mit ihm auf die Reise. ✋ 1 Min. mit Musikuntermalung

Sieh ihm hinterher, bis du ihn nicht mehr erkennen kannst …
Das Wasser, das deine Füße umspült, hast du gar nicht mehr wahrgenommen.
Es kommt und versickert im Sand wie dein Atem im Körper.

Genieße noch einen Moment das Rauschen des Meeres und die Ruhe am Strand, und komme dann langsam wieder in unseren Raum zurück.
Öffne deine Augen, bewege Hände und Beine, und begib dich abschließend in die Sitzposition.

Es folgt eine kurze Rückmelderunde:

✖ *Wie war es am Meer?*

✖ *Hast du den Ballon gesehen?*

✖ *Hattest du Ballast zum Mitgeben?*

COOL DOWN!

Sonne, Strand und Meer

Zeitbedarf: ca. 10–15 Min.

Vorbereitung: Die Schüler suchen sich eine bequeme Unterlage. Der Raum ist etwas abgedunkelt.

Ziel: körperliche und geistige Entspannung

Einsatz: → nach Klassenarbeiten
→ zur Entspannung zwischen den Stunden bei Seminaren oder Gruppenarbeiten

Tipps: → Leise Musikuntermalung kann die Entspannung vertiefen.
→ Stellen Sie zur Einstimmung eine kurze Atemübung voran.
→ Sorgen Sie für eine gute Raumbelüftung.

Stelle dir in deiner Fantasie einen langen, weißen Sandstrand vor. Dieser Strand liegt an einer einsamen, menschenleeren Bucht, die nur über einen Privatweg deiner Villa zu erreichen ist.

Du stehst jeden Tag schon früh auf, um den Sonnenaufgang in dieser Bucht mitzuerleben. Der warme Sommerwind streift dir schon früh am Morgen durch dein weiches Haar und streichelt dir deine sonnenverwöhnte Haut.
Spüre, wie sich die sanfte Brise an deiner Haut anfühlt.

Gehe ein paar Schritte in deiner Bucht spazieren, und fühle dabei, wie deine beiden Füße bei jedem Schritt leicht im weichen Sand versinken. Deine Füße hinterlassen dabei Spuren, die immer wieder nach kurzer Zeit vom Meerwasser umspült werden.

Du entdeckst zwei herrlich große Dattelpalmen. Im warmen Schatten dieser großen Palmenwedeln steht eine breite, bequeme Schaukelliege. Lege dich darauf, und decke dich mit der mitgebrachten Decke zu. Spüre die kuschelige Wärme, die deinen Körper durchströmt.

COOL DOWN!

Sonne, Strand und Meer

Jetzt entdeckst du, wie ein scheinbar aus dem Nichts kommender gelber Feuerball aus dem Meer auftaucht. Du bist erstaunt, wie groß und nah die Sonne ist. Stück für Stück schiebt sie sich in kurzer Zeit aus dem Wasser. Nun strahlt sie wieder einen ganzen Tag mit ihrer außergewöhnlichen Kraft und ihrer Wärme auf unsere Erde nieder.

Schaue aufs Meer hinaus. Weit draußen kannst du heute schon einige Schiffe entdecken: Tanker und Kreuzfahrtschiffe, die auf ihrem weiten Weg oft den Launen des Meeres ausgesetzt sind.

Du siehst in einiger Entfernung am Rande der Bucht, wie sich die Wellen des Meeres an den schrägen Felsvorsprüngen brechen. Höre das Geräusch der immer wiederkehrenden Brandung. Spüre die Kraft des Meeres, und lasse dich von der Faszination der Wellen begeistern.

Dein Blick schweift nun ins Unendliche ab. Du träumst vor dich hin. Deine Gedanken beruhigen sich. Dein Körper drückt sich angenehm schwer in deine weiche Unterlage. Dein Atemrhythmus passt sich dem Rhythmus der Wellen an. Genieße eine Weile das Gefühl, im Einklang mit dem Meer und der Natur zu sein. ✋ 2 Min. mit Musikuntermalung

Höre die Möwen, die in weiter Ferne die ankommenden Fischerboote begleiten. Sie hoffen, möglichst viel von der fischigen Ladung zu ergattern.
Du fühlst dich sehr wohl in dieser Bucht und freust dich schon auf den nächsten Sonnenaufgang.

Verabschiede dich für heute von deinem Meer, blicke dich noch mal nach allen Seiten um, und trete langsam deinen Rückweg an.
Öffne deine Augen, strecke dich, ziehe dich nach allen Seiten, und komme langsam wieder in unseren Raum zurück.

Es folgt eine kurze Rückmelderunde:

✖ *Hast du deinen Strand gefunden?*

✖ *Wie hast du dich am Meer gefühlt?*

COOL
DOWN!

Über den Wolken

Zeitbedarf: ca. 10 Min.

Vorbereitung: Die Schüler wählen eine bequeme Sitzposition aus.

Ziel: mentale und körperliche Entspannung

Einsatz:
→ zur Ruhefindung
→ als wohltuende Entspannungsübung

Tipps:
→ Stellen Sie zur Einstimmung eine Atemübung voran.
→ Wählen Sie eine entspannende Musik aus, und dunkeln Sie, wenn möglich, den Raum etwas ab.

Stelle dir vor, du sitzt in 10 000 Metern Höhe an einem Fensterplatz in einem außergewöhnlich komfortablen Flugzeug. Die Sonne scheint intensiv, der Himmel zeigt sein strahlendstes Blau. Ganz bequem sitzt du in einem breiten Luxussessel mit Fußteil und blickst durch das riesige Panoramafenster nach draußen.

Weit unter dir entdeckst du gelbe Sandstrände, bestückt mit schmucken kleinen Kolonialvillen zwischen groß gewachsenen Palmen. Die Holzhäuser im Flair des 19. Jahrhunderts werden in magisches, goldfarbenes Licht getaucht. Hohe Wellen locken die Surfer ins Wasser, wo sie sich dem wilden Spiel mit den Wellen stellen.

Du entdeckst von oben eine zauberhafte Lagune mit kristallklarem Wasser in einem schützenden Korallenriff, das viele Taucher aus aller Welt anlockt. Die schneeweißen Jachten werden sanft von den ruhigen Wellen hin- und hergeschaukelt.

Plötzlich verändert sich die Landschaft unter dir. Sattgrüne Wiesen mit einer betörenden Vielfalt an Pflanzen und Bäumen und eine bizarre Landschaft aus Lavagestein und Geröll wechseln sich ab.

Die landschaftliche Vielfalt macht die Insel unter dir so einzigartig. Du kannst tief in den Schlund eines Vulkans blicken, aus dem sich glühende Lavaströme ergießen und sich in dampfend heißes Gestein verwandeln.

COOL DOWN!

Über den Wolken

Zurück bleibt eine kraterförmige Mondlandschaft mit wild zerklüfteten Bergen. Von oben kannst du die schroffen Zacken der Bergwelt erkennen.
Die tropischen Temperaturen in den lichten Vanille- und Kaffeeplantagen lassen sich nur erahnen. Das imposante Spektakel der herabstürzenden Wasserfälle bringt aber die nötige Abkühlung. Du kannst die glitzernden Wasserperlen auf deiner Haut spüren.

Genieße noch eine Weile den Ausblick in eine fantastische und abwechslungsreiche Welt, und komme anschließend mit deinen Gedanken wieder zurück in die Realität.
Dehne und strecke dich nach allen Seiten, und schüttle dich noch einmal kräftig aus.

Es folgt eine kurze Rückmelderunde:

✖ *Wie hast du diese Reise erlebt?*

✖ *Wie leicht fällt es dir in dieser Umgebung, alles Belastende zu vergessen?*

COOL DOWN!

Der Weg nach oben

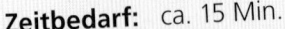

Zeitbedarf:	ca. 15 Min.
Vorbereitung:	Die Schüler verteilen sich sitzend oder, wenn möglich, liegend im Raum.
Ziele:	→ mentale Entspannung → Steigerung der Motivation
Einsatz:	→ zur Ruhefindung zwischen den Stunden → zur Beruhigung unruhiger Schüler
Tipps:	→ Führen Sie die Reise nur bei entspannungs-erfahrenen Gruppen durch. → Sprechen Sie langsam und leise, aber betont. → Meditative Musik unterstützt die Entspannungs-bereitschaft.

Nimm deinen Körper wahr, wie er die bequeme Haltung genießt. Lenke deine Gedanken zu deiner Atmung. Spüre, wie mit jedem Atemzug die Ruhe in deinen Körper fließt. Tiefer und tiefer sinkst du mit deinen Gedanken in deine innere Welt. Vor deinem inneren Auge öffnet sich plötzlich ein Weg, der dir die Richtung zeigt, in die du nun gehen wirst.

Du befindest dich auf einem Hügel, der dir den Blick nach vorne, nach hinten, nach unten und nach oben ermöglicht. Du entscheidest dich, geradeaus zu gehen. Vorbei an unzähligen Wiesenblumen schlenderst du gemütlich den ausgetretenen Pfad entlang. Schritt für Schritt bewegst du dich nach vorne. Die Landschaft lädt dich hier und da zum „Stille halten" ein, und du nutzt die Pausen, um dich für den weiteren Weg zu stärken. Du bist nun sehr gut gerüstet für den weiteren Weg und kommst nach etlichen Biegungen und Kurven an eine Weggabelung. Jetzt musst du dich erneut entscheiden: Gehst du den unbekannten Weg, der dich zurückbringt, oder den unbekannten Weg, der nach oben führt? Entscheide dich nun.

COOL DOWN!

Der Weg nach oben

Du bist zuversichtlich und vertraust deiner inneren Stimme. Weiche, mit Gras bedeckte Wege wechseln sich nun mit steinigem und felsigem Untergrund ab. Deine ganze Konzentration ist erforderlich, während du über einen größeren Felsen kletterst. Du stützt deinen Körper auch mit deinen Händen ab und suchst mit jedem Schritt neuen Halt unter deinen Füßen. Dein Blick ist ausschließlich nach oben gerichtet, während du den beschwerlichen Weg weitergehst. Deine innere Stimme lenkt dich geradezu auf eine Anhöhe, die dem Gipfel schon sehr nahe ist. Du hast es bald geschafft, es sind nur noch wenige Klettergriffe notwendig. Die Neugier auf den Ausblick dort oben treibt dich unaufhaltsam voran. Die Energie in deinem Körper scheint unerschöpflich zu sein. Noch ein letzter Griff, und du bist oben.

Suche dir erst einmal einen guten Sitzplatz aus, und belohne dich mit dem faszinierenden Ausblick. Das Bergpanorama und die himmlische Ruhe entschädigen dich für alle Mühen.

Du hast es geschafft, den Weg nach vorne und nach oben zu gehen.
Jetzt weißt du, dass du mit Hilfe deiner Gedankensteuerung und deiner inneren Stimme alle Wege schaffen kannst, die dich weiter nach vorne und nach oben bringen.
Genieße dieses einzigartige Erlebnis. Spüre zum Abschluss noch einmal tief in deinen Körper, wie wohl er sich nun fühlt.

Blicke noch einmal rundum, und verewige dich anschließend im Gipfelbuch, bevor du wieder in unseren Raum zurückkommst.

Es folgt eine kurze Rückmelderunde:

✖ *Hast du auch schon mal einen beschwerlichen Weg eingeschlagen, obwohl du eine leichtere Alternative gehabt hättest?*

✖ *Wie hast du dich anschließend gefühlt?*

COOL DOWN!

Die Tankstelle

Zeitbedarf: ca. 10 Min.

Vorbereitung: Je nach Platzangebot eignet sich eine aufrechte Sitzposition oder eine angenehme Rückenlage.

Ziel: den „Energieakku" aufladen

Einsatz:
→ vor Stundenbeginn
→ zwischendurch als wohltuende Abwechslung
→ zur geistigen und körperlichen Entspannung
→ an Wandertagen oder bei Ausflügen in die Natur als kurze Pausenübung

Tipps:
→ Stellen Sie dieser Fantasiereise evtl. eine kurze Atemübung voran.
→ Meditative Musik verhilft zu einer schnelleren Entspannungsbereitschaft.

Begib dich mit deinen Tagtraumgedanken an einen Ort, an dem mächtige alte Bäume stehen. Blicke dich um, und suche dir den ältesten Baum aus.

Ganz nah vor dir entdeckst du einen besonders alten und großen Baum. Gehe dorthin, und erkunde den Baum. Wie alt schätzt du ihn? Erkennst du die Baumart?

Verfolge die dicken Wurzeln des Baumes, und nimm wahr, wie tief sie im Laufe der Jahre in den Boden gewachsen sind. Umarme jetzt dieses alte Gewächs, soweit du kannst. Schließe dabei deine Augen, und lege deine Ohren an die Rinde. Kannst du etwas hören? Wenn der Baum sprechen könnte, was glaubst du, würde er dir jetzt erzählen? Was glaubst du, hat dieser Baum an dieser Stelle schon alles erlebt? Wie fühlt sich die Rinde dieses Baumes an?
Kommst du mit deinen Händen ganz um den Baum herum?
Spüre die große Kraft, die von ihm ausgeht, und spüre die Lebensenergie, die Standfestigkeit und tiefe Verwurzelung des Baumes mit unserer Erde.

COOL DOWN!

Die Tankstelle

Lasse diese gewaltigen Kräfte jetzt mit jedem Atemzug tief in deinen Körper fließen, und nimm wahr, wie du diese Lebensenergie, die tiefe Erdung und die Standfestigkeit in deinen Körper einatmest.

Tanke von dieser Energie so viel, wie du im Augenblick brauchst. ✋ 1 Min.

Lockere die Umarmung, und lehne dich noch einen Augenblick an diesen Baum. Wie fühlt sich dein Körper nun an? Sind deine Energiereserven wieder vollkommen aufgeladen?

Bedanke dich bei deinem Baum für diesen Kraftschub, und verabschiede dich wieder von ihm. Komme mit deiner Wahrnehmung wieder ganz in unseren Raum zurück. Strecke dich wie ein Baum weit nach oben, dehne deine Muskeln, und schüttle dich anschließend noch einmal kurz aus.

Es folgt eine kurze Rückmelderunde:

✖ *Hast du deine Tankstelle bzw. deinen Baum gefunden?*

✖ *Wie hat sich die Umarmung für dich angefühlt?*

COOL DOWN!

Der magische Tempel

Zeitbedarf: ca. 15 Min.

Vorbereitung: Die Schüler verteilen sich im Raum und nehmen, je nach Platzangebot, eine sitzende oder liegende Position ein.

Ziel: tiefe körperliche und geistige Entspannung

Einsatz:
→ als morgendliche Einstimmung
→ zur Steigerung der Aufnahmefähigkeit
→ als Ruheübung bei unruhigen Klassen

Tipps:
→ Gleichmäßige, leise Musik unterstützt das Entspannungserlebnis.
→ Eine kurze Atemübung unterstützt die Entspannungsbereitschaft.

Spüre deinen Körper, wie er sich tief in die Unterlage drückt. Gehe deinen Körper jetzt aufmerksam von unten nach oben durch.
Spüre deine Füße und Beine, die sich kraftvoll mit den Fersen in die Unterlage drücken. Deine Arme und Hände, deine Schultern und auch dein Hals- und dein Nackenbereich entspannen sich gut. Achte auf deine Atmung, und schließe die Augen.

Begib dich nun mit deinen Tagtraumgedanken in eine Landschaft, die durch die Einzigartigkeit seiner Pflanzen und Farben gekennzeichnet ist. Alle hier wachsenden Pflanzen leuchten in ganz speziellen Farben und verwandeln das Umfeld in ein lichtdurchflutetes Areal. Die intensiv leuchtende Landschaft lässt dich eher an eine Fata Morgana erinnern.

So machst du dich auf den Weg, dieses Phänomen zu untersuchen. Dein Weg führt dich an zitronengelb leuchtenden Blumen, orange leuchtenden Früchten, grasgrünen und himmelblau strahlenden Gewächsen vorbei. Du spürst, wie deine Augen die Energie dieser Farben tief in deinen Körper einsaugen.

Der magische Tempel

Inmitten dieser Faszination entdeckst du einen lilafarbenen Lichtstrahl, der dich zu einem imposanten Gebäude führt. Erst als du davor stehst, kannst du hinter den haushohen Rankgewächsen einen großen Tempel entdecken, der in magisches Licht getaucht ist.

Deine Neugier treibt dich weiter in Richtung Eingangstor. Die schwere, massiv gebaute Holztür lässt sich aber nicht bewegen. Du schlägst den am Tor befestigten Eisenring mit deiner ganzen Kraft gegen das Holz.

Jetzt erst hörst du Schritte, die sich langsam und schwer dem Tor nähern. Dein Herz beginnt laut zu pochen, und du spürst, wie sich die Aufregung in deinem Körper breitmacht. Voller Anspannung verfolgst du das schleppende Öffnen des Tores. Ganz unerwartet blickst du plötzlich in die warmherzig strahlenden Augen eines zauberhaften Wesens. Die liebevolle, herzliche und weiche Stimme lädt dich zum Eintreten ein. Doch was du nun siehst, übersteigt alle deine Erwartungen. Lasse dir nun viel Zeit, diesen traumhaften Tempel zu entdecken.
✋ 2 Min. mit Musikuntermalung

Du bist im letzten Zimmer des Tempels angekommen. Beende nun deine Besichtigung, und gehe wieder zum großen Eingangstor zurück. Verabschiede dich von deinen wunderbaren Eindrücken, schaue dich ein letztes Mal um, und öffne wieder deine Augen. Strecke und dehne deine Muskeln mit deiner ganzen Kraft, bevor du in die Sitzposition zurückkommst.

Es folgt eine kurze Rückmelderunde:

Was hast du alles entdecken können?

Mein Platz an der Sonne

Zeitbedarf: ca. 10 Min.

Vorbereitung: Die Schüler verteilen sich im Raum und nehmen, je nach Platzangebot, eine sitzende oder liegende Position ein.

Ziel: mentales und körperliches Loslassen

Einsatz:
→ zur Ruhefindung bei unruhigen Klassen
→ zur Entspannung zwischen den Stunden

Tipp: Untermalen Sie die Fantasiereise mit Musik, das erhöht die Entspannungsbereitschaft.

Schließe deine Augen, oder fixiere einen Punkt an der Decke.
Atme zweimal tief ein und aus, und lasse deine Gedanken nun meinen Worten folgen:

Begib dich mit deinen Gedanken auf eine grüne, morgenfrische Sommerwiese. Schon beim Betreten mit deinen nackten Füßen kannst du die weichen Gräser unter deinen Fußsohlen spüren. Angenehm erfrischend fühlt sich der Boden an.

Du stapfst wie ein Storch durch die Gegend, um die frischen, bunt blühenden Blumen nicht zu zertreten. Schaue, welche Pflanzen du entdecken kannst. Es mischen sich Butterblumen mit Gänseblümchen. Wie ein samtiger roter Teppich schimmert das kräftig strahlende Rot des Klatschmohns. Die klare, frische Morgenluft lässt die Farben noch viel intensiver erscheinen.

Vom vielen Herumlaufen ganz müde, legst du dich in das gemütlich weiche und von der Sonne bereits erwärmte Gras. Dein Blick geht nach oben zum strahlendsten Himmel, den du bis jetzt in diesem Sommer sehen konntest. Spüre, wie die einzelnen Sonnenstrahlen deine Haut erwärmen und wie diese Wärme sich im ganzen Körper ausbreitet. Ganz tief fließt die Wärme durch deinen Körper und vermittelt dir ein wohltuendes, kuscheliges Gefühl.

Mein Platz an der Sonne

Während du die Kraft der Sonne genießt, kannst du die Ruhe um dich herum wahrnehmen. Das leise Summen von Bienen und das rhythmische Zirpen der Grillen nimmst du nur ganz entfernt wahr.

Du spürst die positive Wirkung der meditativen Stille auf deinen Körper.
Du fühlst dich ganz wohl und entspannt.
Die bunten Schmetterlinge, die ganz nah an dir vorbeifliegen, freuen sich –
genau wie du – über diesen gelungenen Tag.
Lasse alle Anspannungen los, und spüre die Harmonie, die deinen Körper
wie eine schützende Hülle umgibt.
Genieße nun noch eine Weile die Entspannung in der freien Natur, und
beobachte, wie sich deine Gedanken dabei beruhigen. ✋ 1 Min.

Die Zeit ist gekommen, sich von diesem angenehmen Platz an der Sonne zu
verabschieden und den Rückweg anzutreten.

Komme nun langsam wieder in unseren Raum zurück, öffne deine Augen,
strecke deine Arme und Beine, dehne deine Muskeln, so gut du kannst.
Klopfe deine Arme und Beine kurz aus, und setze dich wieder auf deinen Platz.

COOL
DOWN!

Mein ganz persönlicher Ruheort

Zeitbedarf:	ca. 10–15 Min.
Vorbereitung:	Die Schüler sitzen entspannt, evtl. in Kutscherhaltung, auf ihren Stühlen.
Ziele:	→ Finden der inneren Ruhe → Entspannung für Körper und Geist
Einsatz:	→ nach großer geistiger oder körperlicher Anstrengung → als wohltuende Ruheübung für zwischendurch
Tipps:	→ Untermalen Sie die Übung mit entspannender Musik. → Dunkeln Sie den Raum etwas ab.

Konzentriere dich auf deine Ein- und Ausatmung. Lasse den Atem durch deine Nase einfließen und anschließend als verbrauchte Luft wieder ganz langsam durch Nase oder Mund nach außen fließen. Atme vier- bis fünfmal bewusst ein und wieder aus.

Denke nun an eine Situation in deinem Leben oder an einen Ort, an dem du dich schon mal sehr wohl gefühlt hast. Das kann auch schon länger zurückliegen, vielleicht sogar noch in deiner Kindheit. ✋ 1Min.

Es kann ein angenehmer Ort in deiner häuslichen Umgebung sein oder ein Ort, den du mit Urlaubsgedanken verbindest, z.B. ein Blick vom Strand auf das Meer hinaus, im Flugzeug ganz hoch über den Wolken, im Liegestuhl am Pool unter Palmen oder der Blick vom Gipfelkreuz ins Tal.

Suche dir deinen ganz individuellen Ruheort aus, und versetze dich an diesen Ort. ✋ 1 Min.

Mein ganz persönlicher Ruheort

Du bist am Ruheort angekommen und blickst dich um:

→ Bist du alleine an diesem Ort?

→ Was siehst du alles?

→ Nach was riecht es hier? Schnuppere mal!

→ Was macht diesen Ort so einzigartig für dich?

→ Welche Geräusche kannst du wahrnehmen?

Beobachte deine Umgebung genau. ✋ 2 Min. mit leiser Musikuntermalung

Schaue dich zum Schluss noch einmal an deinem Ort um, und verabschiede dich. Komme mit deiner ganzen Aufmerksamkeit in deinem Tempo in unseren Raum zurück.
Atme zweimal tief ein, öffne deine Augen, und dehne deine Muskeln nach allen Seiten.

Es folgt eine kurze Rückmelderunde:

✖ *Hast du deinen Ruheort gefunden?*

✖ *Was war das Schönste an diesem Ort?*

✖ *Willst du diesen Ort mal wieder besuchen?*

✖ *Hast du jemanden getroffen?*

COOL DOWN!

Bewegungs- und Muskelübungen

Die Nackenübung

Zeitbedarf: ca. 5 Min.

Vorbereitung: Die Schüler verteilen sich schulterbreit stehend im Raum.

Ziel: Lockerung der Nackenmuskulatur

Einsatz: zur Muskelentspannung nach langen Schreibphasen, Klassenarbeiten oder nach langer Bildschirmarbeit

Tipps:
→ Führen Sie die Übungen stets langsam durch, damit der Muskel sich daran gewöhnen kann.
→ Brechen Sie die Übung bei Schmerzen und Taubheitsgefühlen ab, und holen Sie fachkundigen Rat ein!
→ Sorgen Sie stets für frische Luft im Klassenzimmer.

Spüre den intensiven Kontakt deiner beiden Fußsohlen zum Boden. Von der Ferse bis zu den Zehenspitzen spürst du den Boden unter deinen Füßen. Kippe nun dein Becken leicht nach vorne. Deine Knie sind ein wenig durchgedrückt, dein Rücken ist gerade. Dein Blick ist gerade nach vorne gerichtet, deine Schultern hängen locker nach unten.

In dieser Haltung atmest du fünfmal tief ein und aus und spürst, wie sich mit jedem Atemzug der Kontakt zum Boden verstärkt.

Lege dein linkes Ohr jetzt langsam zur linken Schulter. Spüre, wie sich die rechte seitliche Halsmuskulatur deiner Bewegung anpasst. Zur Unterstützung fasst du mit der linken Hand zum rechten Ohr und ziehst den Kopf behutsam und schmerzfrei weiter nach links.
Die rechte Handfläche drückst du zur Verstärkung der Dehnung Richtung Boden. Halte diese Anspannung für 15–30 Sekunden. Wie fühlen sich deine Hals- und Schultermuskeln jetzt an?
Lockere für einen kurzen Augenblick die Anspannung, aber lasse nicht ganz los. Wiederhole nun die Übung, und führe abschließend den Kopf langsam in die Ausgangsstellung zurück.

COOL DOWN!

Die Nackenübung

Nun dehnst du deine linken Schulter- und Halsmuskeln. Bewege dein rechtes Ohr jetzt langsam, soweit es geht, zur rechten Schulter. Lege die rechte Hand auf dein linkes Ohr, und schiebe mit deiner rechten Hand den Kopf langsam zur rechten Schulter. Die linke Handfläche drückst du wieder Richtung Boden. Dehne auch auf deiner linken Seite für 15 – 30 Sekunden deinen Halsmuskel. Lässt sich eine Seite weiter dehnen?
Lasse kurz etwas locker, und wiederhole die Übung ein zweites Mal.
Führe abschließend den Kopf langsam in die Ausgangsstellung zurück.

Klopfe nun mit deinen Fingerkuppen erst die Schulterpartie ab.
Versuche dann, deine beiden Hände hinter deinem Rücken zu fassen.
Ziehe dann beide Arme, soweit es geht, nach oben, lasse wieder locker, und spüre die Entspannung im Rückenbereich.

Zum Abschluss streckst du dich nach allen Seiten und schüttelst dich entspannt aus.

Es folgt eine kurze Rückmelderunde:

Wie fühlen sich jetzt dein Schulter- und Nackenbereich an?

COOL DOWN!

Der Scheibenwischer

Zeitbedarf: ca. 5 Min.

Vorbereitung: Die Schüler ziehen nach Möglichkeit die Schuhe aus und nehmen eine aufrechte, angelehnte Sitzposition ein. Das Zimmer ist gut gelüftet.

Ziele:
→ Entspannung und Lockerung der Oberarm- und Beinmuskulatur
→ Aufnahmefähigkeit verbessern

Einsatz:
→ zur Auflockerung zwischen den Stunden
→ zur Steigerung der Konzentrationsfähigkeit
→ als wohltuende Bewegungsübung

Tipps:
→ Geben Sie unterschiedliche Intervalle vor: mal schnell, dann wieder langsam.
→ Aktuelle Musikhits wirken auf die Schüler motivationsfördernd und erhöhen die Mitmachbereitschaft.

Strecke deine Beine parallel zur Sitzfläche nach vorne aus. Deine Zehenspitzen lässt du nach oben zur Decke schauen. Deine beiden Arme sind weit nach vorne gestreckt, die Fingerspitzen nach oben gerichtet.

Stelle dir jetzt den Mechanismus eines Scheibenwischers vor, und bewege nur deine Füße und Hände langsam nach rechts und links.
Lasse diese Bewegung im Rhythmus deines Ein- und Ausatmens geschehen.

Mit dem Einatmen gehen die Finger und Zehen langsam nach rechts, mit dem Ausatmen bewegen sie sich langsam nach links. ✋ 1 Min.

Spüre jetzt deine Muskeln.
Nimm deine Waden- und vordere Oberschenkelmuskulatur wahr, und spüre die Anspannung deiner Finger- und Unterarmmuskeln.
Spüre auch deine Pobackenmuskeln.
Nimm die Muskelgruppen von Schultern, Hals und Nacken wahr.

COOL DOWN!

Der Scheibenwischer

Führe diese Übung beim dritten Mal mit einer rhythmischen Musik durch, und lasse anschließend Arme und Beine wieder locker.

Während der Entspannungsphase nimmst du alles wahr, was in diesem Augenblick in den Muskelgruppen deiner Beine und Arme geschieht.

Vielleicht spürst du ein pulsierendes Gefühl, ein leichtes Stechen, ein Wärme- oder Schweregefühl?

Wiederhole diese Übung ein zweites Mal, und lenke deine ganze Aufmerksamkeit zu deinem Körper.

Schüttle abschließend deine Hände, Arme, Beine und deinen ganzen Körper kräftig aus.

Es folgt eine kurze Rückmelderunde:

Welche Muskelbereiche konntest du wahrnehmen?

COOL DOWN!

Der dynamische Kleiderbügel

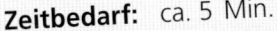

Zeitbedarf: ca. 5 Min.

Vorbereitung: Die Übung wird im Stehen oder im Sitzen mit ausreichend Platz zur Seite durchgeführt.

Ziel: Mobilisierung der Unterarm-, Oberarm-, Schulter-, Hals- und Nackenmuskulatur

Einsatz: → zur Auflockerung
→ zur Steigerung der Aufmerksamkeit

Tipp: Ein sanftes Ausklopfen im Anschluss an die Übung lockert das Zwischenzellgewebe und regt gleichzeitig den Schlackenabtransport durch den Lymphstrom an.

Stelle dich schulterbreit und gut geerdet auf eine angenehme Unterlage. Lenke deine Aufmerksamkeit auf deinen Atem, und beobachte eine Weile deinen Ein- und Ausatemrhythmus.

Strecke nun mit dem Einatmen beide Arme in Schulterhöhe zur Seite, und lasse deine Arme seitlich nach außen wachsen, so weit es geht. Spüre dabei die Dehnung in deinen Schultern- und Rückenmuskeln. Spüre deinen Brustbereich, wie er sich weitet, und lasse deinen Atem bewusst weiter fließen.

Halte diese Spannung, zähle bis 20, und führe dabei beide Arme in unveränderter Höhe nach hinten. Spüre dabei deine beiden Schulterblätter, wie sie sich langsam annähern. Beobachte deinen Brustbereich, wie er sich nach vorne schiebt. Spüre auch die Dehnung in deinen Schultern und Oberarmen.

Lasse nun abrupt beide Arme nach unten fallen, und spüre der Entspannung in deinen Muskelgruppen von Schulter, Rücken und Oberarmen nach. Nimm die verbesserte Durchblutung, das Wärmegefühl und das Pulsieren wahr. Wiederhole die Übung mehrmals im Rhythmus deines Ein- und Ausatmens.

Wir beenden diese Übung nun mit wohltuenden Ausklopfbewegungen im Schulter- und Oberarmbereich.

COOL DOWN!

Die bewegliche Schaufensterpuppe

Zeitbedarf: ca. 5–10 Min.

Vorbereitung: Die Schüler verteilen sich im Raum und achten auf ausreichend Bewegungsfreiheit nach allen Seiten.

Ziel: Anspannung und Entspannung der Muskulatur in bestimmten Körperteilen

Einsatz:
→ nach langen Konzentrationsphasen
→ als Lockerungsübung für zwischendurch

Tipp: Rhythmische Musik unterstützt die Mitmachbereitschaft.

Stelle dich aufrecht und schulterbreit hin. Deine Schultern und Arme hängen locker nach unten. Die Knie sind leicht gebeugt, dein Becken nach vorne gekippt, dein Rücken ist durchgestreckt, dein Kopf ist gerade, deine Augen bleiben geöffnet, und dein Blick ist weit nach vorne gerichtet.

Lenke deine Gedanken zu deinen Knien, drücke sie durch, und spanne sie an. Spüre die Muskulatur im vorderen und hinteren Oberschenkelbereich, zähle langsam bis drei, und lasse die Anspannung abrupt wieder los. Spüre in die entspannte Muskelgruppe hinein, und wiederhole die Übung.

Hebe deinen rechten Fuß langsam waagrecht nach vorne, und strecke ihn, so gut du kannst, aus. Spüre dabei die Muskeln deiner Pobacken, deiner Oberschenkel und deiner Unterschenkel, und spanne sie kräftig an. Zähle langsam bis drei, und lasse die Anspannung wieder abrupt los. Spüre nach, und wiederhole anschließend die Übung mit dem linken Bein.

Strecke deine beiden Arme über deinen Kopf weit nach oben. Spüre dabei, wie die Rücken-, Arm- und Schultermuskeln angespannt werden.
Zähle langsam bis drei, und lasse die Anspannung abrupt wieder los. Spüre die wohltuende Entspannung, und wiederhole diese Übung ein zweites Mal.

COOL DOWN!

Die bewegliche Schaufensterpuppe

Ziehe deine Schultern weit nach oben zu den Ohren. Spanne die Muskeln an, und zähle dabei langsam bis drei. Lasse die Anspannung abrupt wieder los, Spüre nach, und wiederhole anschließend die Übung in die andere Richtung. Schiebe dabei deine Schultern weit Richtung Boden nach unten.

Strecke deine Arme waagrecht nach außen. Spanne deine Oberarmmuskeln an, zähle langsam bis drei, und lasse die Anspannung abrupt wieder los. Spüre in deine Oberarmmuskeln, und wiederhole die Übung.

Drehe nun deinen Kopf, so weit du kommst, langsam nach links. Spanne deine Halsmuskeln an, zähle langsam bis drei, und lasse die Anspannung abrupt wieder los. Spüre nach, und wiederhole die Übung ein zweites Mal.

Schüttle zum Abschluss deinen ganzen Körper von oben nach unten aus, und lasse alle Muskelgruppen nochmals ganz bewusst locker.

Es folgt eine kurze Rückmelderunde:

Wie fühlt sich dein Körper nun an?

Die Schnecke am Nürburgring

Zeitbedarf: ca. 10 Min.

Vorbereitung: Die Schüler setzen sich in aufrechter Sitzhaltung auf ihren Stuhl. Der Blick ist zur Tafel gerichtet. Projizieren Sie eine Rennstrecke (liegende Acht) mittels Overheadprojektor oder Beamer an die Wand, oder malen Sie eine Strecke mit der Kreide groß an die Tafel.

Ziele:
→ Lockerung der Hals- und Nackenmuskulatur
→ Verbesserung der Durchblutung

Einsatz:
→ zur Konzentrationssteigerung
→ nach langem Sitzen
→ nach einseitiger Belastung der Arm-, Schulter- und Nackenmuskulatur

Tipps:
→ Spielen Sie meditative Musik ab, und achten Sie auf eine sorgfältige und langsame Durchführung der Übung.
→ Je langsamer die Übung durchgeführt wird, desto nachhaltiger wird die Entspannung empfunden.

Stelle beide Fußsohlen stuhlbreit gut geerdet auf den Boden.
Atme zweimal tief ein und langsam wieder aus. Suche deinen eigenen Atemrhythmus, bevor wir mit der eigentlichen Übung beginnen.

Du siehst an der Tafel die berühmte Rennstrecke, den „Nürburgring". Diese Strecke wird nun von deiner persönlichen „Rennschnecke" abgelaufen, die du mit deinem Blick verfolgst. Die Schnecke geht diese Strecke im Schneckentempo ab.

Gehe jetzt gedanklich zu der Überschneidung der Linien in der Mitte der Strecke, und verfolge die Schnecke mit deinen Augen langsam Richtung links unten.

Verfolge den Weg der Schnecke mit einer geschmeidigen Kopfbewegung, und achte dabei auf eine ausladende, aber vorsichtige Bewegung deiner Hals- und Nackenmuskeln.

COOL DOWN!

Die Schnecke am Nürburgring

Umrunde die Strecke fünfmal in einem angemessenen, muskelschonenden Schneckentempo.

Lege anschließend deine rechte Wangenseite an deinen rechten ausgestreckten Oberarm, und strecke deinen Zeigefinger aus.

Mit den Augen an der Spitze deines Zeigefingers fährst du die Runde fünfmal in langsamem Tempo ab. Achte dabei bewusst auf ein muskelschonendes Auf und Ab deines Kopfes, damit die Muskelfasern nicht zu sehr überdehnt werden.

Wiederhole die Übung nun auf deiner linken Seite.

Klopfe nach dieser Übung deinen Hals-, Nacken- und Schulterbereich sanft mit deinen Fingerspitzen ab.
Streiche mit den Fingern beider Hände den Bereich aus, und spüre dem nachhaltigen Wärmeempfinden in dieser Region nach.

Es folgt eine kurze Rückmelderunde:

✖ *Kannst du eine Lockerung deiner Muskeln feststellen?*

✖ *Wie fühlt sich dein Hals-, Nacken- und Schulterbereich jetzt an?*

COOL
DOWN!

Die Kosakenübung

Zeitbedarf: ca. 5 Min.

Vorbereitung: Die Schüler verteilen sich mit ausreichend Bewegungsfreiheit im Zimmer. Achten Sie bei den Schülern auf
einen gut geerdeten und schulterbreiten Stand.
Der Raum ist gelüftet.

Ziele:
→ Lockerung der Oberarm-, Rücken- und
Brustmuskulatur
→ Steigerung der Konzentrationsfähigkeit

Einsatz:
→ zur Auflockerung zwischen den Stunden
→ zum Abschalten und Krafttanken im Unterricht

Tipps:
→ Diese Übung eignet sich auch zur Lockerung bei
Beschwerden in den Bronchien und bei starkem
Husten.
→ Stellen Sie eine kurze Atemübung voran, oder
beenden Sie die Übung mit einer bewussten
Atemübung.
→ Rhythmische Musik motiviert zum Mitmachen.

Strecke beide Arme in Brusthöhe weit nach vorne aus. Umfasse dann mit deiner
rechten Hand deinen linken Oberarm knapp oberhalb des Ellenbogens, und
umfasse mit deiner linken Hand den rechten Oberarm, ebenfalls oberhalb des
Ellenbogens. Deine Arme bilden ein liegendes Rechteck in Brusthöhe, dies ist
die so genannte „Don-Kosaken-Haltung!"

Schiebe nun in flottem Tempo, bei ruhigem Oberkörper, dein Armgebilde nach
links und rechts. Lasse dabei deinen Mund leicht geöffnet, und lausche den
Geräuschen, die ganz weit aus deinem Brustraum über deine Luftröhre nach
außen kommen.

Führe diese Übung 20-mal durch, und lasse anschließend deine beiden Arme
locker neben deinem Oberkörper nach unten fallen. Beobachte dabei deine
Atmung, und beruhige sie durch bewusstes Ein- und Ausatmen wieder.

COOL
DOWN!

Die Kosakenübung

Wiederhole nun die Übung ein zweites und ein drittes Mal, und beruhige immer im Anschluss deine Atmung.

Klopfe zum Ausklang der Übung mit beiden Fäusten deinen Oberarm- und Brustmuskelbereich aus.

Es folgt eine kurze Rückmelderunde:

Konntest du die Geräusche in deinem Brustraum spüren und hören?

COOL
DOWN!

Muskelentspannung für die Augen

Zeitbedarf: ca. 3 Min.

Vorbereitung: Die Schüler sitzen aufrecht auf ihren Stühlen.

Ziel: Entspannung der Augen

Einsatz:
→ zur Auflockerung
→ nach anstrengenden Lernphasen
→ zur willkommenen Abwechslung im Unterricht

Tipp: Integrieren Sie diese Übung, so oft wie möglich, in ihre Unterrichtsstunden.

Halte deine Wirbelsäule so gerade, wie du kannst. Stelle beide Beine hüftbreit auf den Boden. Richte deinen Blick geradeaus, und stelle dir vor, dass dein Kopf wie bei einer Marionette an einer Schnur nach oben gezogen wird. Dein Kinn fällt leicht nach unten, deine Halsmuskeln strecken sich, die Wirbelsäule richtet sich weiter auf. Spüre deinen geraden Rücken.

Lenke nun nur den Blick deiner Augen so weit nach oben, dass es nicht schmerzt. Der Kopf bewegt sich dabei nicht. Zähle langsam bis drei.

Lenke deinen Blick anschließend nach unten. Der Kopf bleibt gerade. Zähle wieder langsam bis drei, und achte darauf, dass diese Augenstellung angenehm bleibt.

Schaue nun nur mit den Augen nach rechts, und zähle bis drei. Blicke nun nach links, ohne den Kopf zu bewegen, und zähle wieder bis drei. Zum Abschluss der Übungseinheit richtest du deinen Blick geradeaus.

Wiederhole diese Augenmuskelentspannung dreimal.

COOL DOWN!

Muskelentspannung für die Augen

Lehne dich nun an deine Stuhllehne an, und lasse deinen Kopf langsam nach vorne fallen. Führe deine beiden durch Reibung erwärmten Hände zu deinen Augen. Achte darauf, dass Mund und Nase frei bleiben und deine Augen absolut verdunkelt sind.

Spüre die Wärme, die deine beiden Handinnenflächen ausstrahlen. Genieße die Dunkelheit und Entspannung, und atme dabei langsam ein und aus.

Öffne nun deine Augen, und spüre deinen muskelentspannten Augen nach.

Bleibe geschmeidig!

Zeitbedarf: ca. 10 Min.

Vorbereitung: Die Schüler verteilen sich mit ausreichend Bewegungsfreiheit nach allen Seiten im Raum.

Ziel: Verbesserung der Aufnahme- und Konzentrationsbereitschaft

Einsatz:
→ zur Auflockerung
→ als „Warm-up" vor Wettkämpfen
→ als Bewegungsübung im Klassenzimmer

Tipp: Achten Sie auf eine langsame und sorgfältige Ausführung der Übung.

Stelle dich hüftbreit mit den Zehenspitzen nach vorne auf den Boden. Dein rechtes Bein ist weit zur Seite gestellt. Beuge es, und verlagere dein Körpergewicht auf dieses Bein. Spüre dabei die Dehnung im linken Leistenbereich, und zähle bis zehn.

Lasse anschließend den Muskel etwas locker, dehne dann noch mal nach, und zähle wieder bis zehn. Es geht diesmal bestimmt noch ein Stückchen weiter.

Klopfe anschließend die Muskeln im linken Oberschenkelinnenbereich kurz aus, und führe die Übung dann mit dem anderen Bein durch.

Stelle nun deinen rechten Fuß gestreckt und mit angezogener Fußspitze auf der Sitzfläche deines Stuhles ab.

Greife mit deiner rechten Hand nach der Fußspitze, kippe dabei deinen Oberkörper leicht nach vorne, und achte auf einen geraden Rücken.

Das linke Bein ist eine Schrittlänge weiter hinten mit flachem Fuß abgestellt.

Ziehe jetzt deinen rechten Vorderfuß langsam Richtung Oberkörper, und spüre dabei die Dehnung in deiner rechten Wade. Zähle bis zehn.

Bleibe geschmeidig!

Lockere die Dehnung ein wenig, spanne noch mal vorsichtig an, zähle bis zehn, und klopfe anschließend den Wadenmuskel locker. Wiederhole die Übung dann mit der anderen Seite.

Stütze dich jetzt an einem Stuhl ab. Umfasse mit deiner rechten Hand den nach hinten gebeugten rechten Vorderfuß, und schiebe die Ferse vorsichtig zur rechten Pobacke.

Spüre die Dehnung im vorderen Oberschenkelmuskel, und zähle dabei bis zehn. Achte auf einen geraden Rücken- und Beckenbereich.

Lasse den Muskel ein wenig locker, und spanne dann noch mal kräftig an. Zähle wieder bis zehn, und lasse los. Klopfe deinen Oberschenkelmuskel aus, und wechsle die Seite.

Die Wadenpumpe

Zeitbedarf: ca. 5 Min.

Vorbereitung: Die Schüler lehnen sich mit geradem Rücken an eine Wand.

Ziele:
→ bringt den Kreislauf in Schwung
→ Entspannung durch vorherige Bewegung

Einsatz:
→ nach langem Sitzen
→ zur Konzentrationssteigerung
→ zum Abreagieren im Unterricht

Tipps:
→ Führen Sie die Übung, wenn möglich, barfuß oder mit flachen Schuhen durch.
→ Die Übung ist ideal bei langen Busfahrten, im Flugzeug und auch nach langem Sitzen in der Schule oder im Büro.
→ Die Übung kann, falls nicht anders möglich, auch im Sitzen durchgeführt werden. Achten Sie dabei auf eine aufrechte Sitzposition.
→ Achtung: Gefahr von Muskelkater!

Übungsvariante im Stehen:

Stelle dich mit geradem Rücken an eine Wand oder Tür. Beide Fußsohlen berühren den Boden.

Hebe und senke in schnellem Rhythmus deinen Vorderfuß. Zähle dabei bis 20.
✋ ca. 30 Sek.

Wiederhole die Übung ein zweites Mal. Die Fersen bleiben immer am Boden.

Wiederhole die Pumpübung ein weiteres Mal, und spüre in die Anspannung deiner vorderen Oberschenkel- und Wadenmuskeln hinein.

Entspanne mit ein paar tiefen Atemzügen.

COOL DOWN!

Die Wadenpumpe

Rutsche anschließend mit deinem Rücken ein kleines Stück an der Wand nach unten.

Deine Knie sind dabei leicht gebeugt. Führe die Pumpübung in dieser Position durch. Zähle wieder bis 20. 🖐 ca. 30 Sek.

Wiederhole die Übung ein zweites Mal.

Spüre die Anspannung im Wadenmuskel und im hinteren Oberschenkelmuskel.

Entspanne wieder mit ein paar Atemzügen, und klopfe deine Beine abschließend mit beiden Händen gut aus.

Übungsvariante im Sitzen:

Hebe und senke in schnellem Rhythmus deinen Vorderfuß. Zähle dabei bis 20. 🖐 ca. 30 Sek.

Wiederhole die Übung ein zweites Mal. Die Fersen bleiben immer am Boden.

Wiederhole die Pumpübung ein weiteres Mal, und spüre in die Anspannung deiner vorderen Oberschenkel- und Wadenmuskeln hinein.

Entspanne mit ein paar tiefen Atemzügen.

Der Rückenstrecker

Zeitbedarf:	ca. 5 Min.
Vorbereitung:	Die Schüler verteilen sich im Klassenzimmer und achten auf einen guten und sicheren Stand.
Ziele:	→ Lockerung der Rückenmuskeln → Wahrnehmung des Körpers und der eigenen Befindlichkeit
Einsatz:	→ als Aufwecker zwischen den Stunden → zur Belebung nach langem Sitzen
Tipp:	Auch im Sitzen wirkt die Übung sehr auflockernd.

Stelle deine beiden Beine hüftbreit auseinander. Achte auf einen intensiven Kontakt deiner beiden Fußsohlen zum Boden. Deine Knie sind leicht durchgedrückt, dein Becken nach vorne gekippt. Dein Rücken ist gerade.

Strecke deine rechte Hand mit den Fingerspitzen, soweit du kannst, Richtung Decke nach oben, und stütze mit deiner linken Hand die linke Hüfte. Der Kopf bleibt gerade.
Spüre deinen geraden Rücken.

Bewege deinen Oberkörper und Kopf mit dem gestreckten rechten Arm langsam, soweit es geht, zur linken Seite. Atme dreimal tief in die gedehnte rechte Seite deiner Taille. Lockere anschließend die Anspannung kurz, und wiederhole die Übung ein zweites Mal.

Wechsle nun die Seite, und strecke deine linke Hand mit den Fingerspitzen weit nach oben. Deine rechte Hand ist in die Hüfte gestützt.

Bewege deinen Oberkörper mit der gestreckten linken Hand langsam, soweit du kannst, zur rechten Seite. Folge mit deinem Blick der Bewegung. Achte auf einen geraden Rücken.

COOL
DOWN!

Der Rückenstrecker

Atme dreimal tief in die gedehnte linke Seite deiner Taille. Lockere die Anspannung kurz, und wiederhole die Übung ein zweites Mal.

Verschränke beide Hände abschließend hinter deinem Kopf. Ziehe beide Ellenbogen nach hinten, und halte die Anspannung zwei Atemzüge lang. Spüre deine Rückenmuskeln. Bewege deinen Oberkörper nach links und dann nach rechts.
Spüre deine Schulter- und Nackenmuskeln.

Klopfe nun abwechselnd deine Schultern und Arme aus.

Kräuter hacken

Zeitbedarf: ca. 3–5 Min.

Vorbereitung: Die Schüler legen ihren Kopf und die Arme am Tisch ab.

Ziele:
→ Steigerung und Wiederherstellung der Aufnahme- und Konzentrationsfähigkeit
→ Durchblutung und Stärkung der Oberarm- und Schultermuskulatur

Einsatz:
→ zur Auflockerung
→ als lustige, aber anstrengende Bewegungsübung zwischen den Stunden

Tipps:
→ Die Übung ist besonders wohltuend nach langer Computer- und Schreibtischarbeit.
→ Gewöhnungseffekt: Bauen Sie diese Übung öfter in den Unterricht mit ein, damit die Schüler sich daran gewöhnen.

Lege deine Stirn auf den Tisch. Deine beiden Arme streckst du seitlich neben dem Kopf nach vorne aus.

Stelle dir vor, der Tisch wäre dein Schneidebrett und deine äußeren Handkanten die Messerklingen.
Hacke jetzt die imaginären, vor deinem Kopf liegenden Kräuter mit schnellen Bewegungen deiner Handkanten in kleine Stücke.
Atme bei dieser Übung unbedingt weiter. Spüre die Anspannung deiner Muskulatur im Oberarmbereich und im Nacken.
Wiederhole die Übung noch weitere Male, auch wenn es im Rücken zieht!

Klopfe deinen Nackenbereich mit deinen Fingern gut aus. Lasse die Schultern kreisen, und spüre die gute Durchblutung.

COOL DOWN!

Beim Wettkampf

Zeitbedarf: ca. 5 Min.

Vorbereitung: Die Schüler verteilen sich mit ausreichend Bewegungsfreiheit im Raum.

Ziele:
→ Steigerung der Wahrnehmungsfähigkeit
→ Entspannung durch vorherige Bewegung

Einsatz:
→ als Ausgleich nach langem Sitzen
→ zur Auflockerung nach Stundenwechsel

Tipps:
→ Mit leicht beschwingter Musik lässt sich mehr Schwung in die Übung bringen.
→ Die Übung lässt sich am besten in einer großen Turnhallen oder im Freien durchführen.

Suche dir einen Platz mit ausreichend Bewegungsfreiheit nach allen Seiten, und hüpfe leicht und beschwingt mit beiden Beinen abwechselnd auf der Stelle. Schwinge deine Arme in gegengleicher Bewegung rhythmisch dazu.

Hüpfe nun abwechselnd mit beiden Beinen im Ausfallschritt auf dem Platz, und fasse dabei von vorne abwechselnd mit der rechten Hand zur linken Fußfessel und mit der linken Hand zur rechten Fußfessel. 🖐 1 Min.

Klopfe diesen Muskelbereich anschließend leicht mit deinen Händen ab.

Lege nun deinen rechten Fuß gestreckt auf die Sitzfläche deines Stuhles oder Tisches, und ziehe deinen Vorderfuß langsam mit deiner rechten Hand Richtung Oberschenkel.

Spüre die Dehnung im rechten Unterschenkel und im vorderen Oberschenkelmuskel. Lockere leicht diese Anspannung, und wiederhole die Dehnung. Achte dabei auf deine Befindlichkeit. Wiederhole die Übung mit der anderen Seite.

Halte dich nun an der Stuhllehne, Wand oder am Vordermann fest, und winkle dein rechtes Bein rückwärts nach oben hin ab. Umfasse dabei deinen rechten Fuß mit deiner rechten Hand, und ziehe deine Ferse an den Po. Die Wirbelsäule ist gerade, dein Knie zeigt Richtung Boden. Achte auf deine Atmung.

Spüre der Dehnung deines Oberschenkelmuskels nach. Lasse diese Anspannung kurz locker, aber nicht los, und wiederhole diese Übung noch einmal. Wechsle dann die Seite.

Klopfe oder schüttle deine Beine anschließend kräftig aus.

COOL DOWN!

Das Fußtraining

Zeitbedarf: ca. 10 Min.

Vorbereitung: Die Schüler sitzen bequem auf ihren Stühlen.
Das Zimmer ist gut gelüftet.

Ziele: → Entspannung durch Bewegung
→ Aufmerksamkeitslenkung

Einsatz: → zur Auflockerung
→ bei unruhigen Klassen

Tipps: → Mit einer lockeren, rhythmischen Musik kommt
mehr Spaß auf!
→ Rechnen Sie pro Übung eine Minute Zeit ein.

Übungen im Sitzen:

Fußpumpe:

„Stelle deine Fersen auf dem Boden
ab, die Zehenspitzen sind nach oben
gerichtet. Pumpe jetzt abwechselnd
im Rhythmus der Musik. Ist der rechte
Fuß oben, bewegt sich der linke Fuß
nach unten. Du spürst die Anspannung im Waden- und im Oberschenkelmuskel. Der Rücken ist gerade."

Kantenroller:

„Setze dich breitbeinig auf den Stuhl, und stelle beide Füße am Boden ab. Lege
deine Hände auf deinen Knien ab, schiebe die Knie zusammen, und ziehe sie
wieder auseinander. Deine Füße wechseln dabei im Rhythmus der Musik von
der Innenkante zur Außenkante. Spüre deine inneren und äußeren Oberschen-
kelmuskeln."

COOL
DOWN!

Das Fußtraining

Fußkreisen:

„Du sitzt auf deinem Stuhl und streckst das rechte Bein nach vorne. Kreise deinen Fuß im Rhythmus der Musik. Spüre das angenehme Wohlgefühl im Fuß- und Beinbereich. Nach einer Minute wiederholst du die Übung mit dem linken Bein. Anschließend führst du die Übung mit beiden Beinen gleichzeitig durch."

Fußgreifer:

„Setze dich auf deinen Stuhl, und versuche, mit beiden Beinen abwechselnd einen Gegenstand vom Boden aufzuheben. Spüre die Muskeln im Fußbereich."

Übungen im Stehen:

Fersengang:

„Bewege dich ausschließlich auf deinen beiden Fersen durch den Raum. Strecke die Zehenspitzen weit nach oben. Spüre dabei deine Wadenmuskeln."

Ballettschritte:

„Stelle dich auf deine Fußballen, und schreite wie ein Balletttänzer durch den Raum. Spüre dabei deine Wadenmuskeln."

Fußabroller:

„Bewege dich leise gehend durch den Raum, und rolle deine Füße abwechselnd von den Fußballen Richtung Fersen langsam ab. Hebe deinen Fuß dabei deutlich vom Boden ab, während du den anderen aufsetzt und abrollst."

Klopfe zum Abschluss deine Füße kräftig aus.

COOL DOWN!

Wahrnehmungs- und Konzentrations- übungen

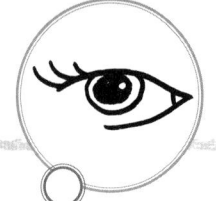

Der Wetterbericht

Zeitbedarf: ca. 10 Min.

Vorbereitung: Die Schüler sitzen paarweise hintereinander. Der Vordermann hat die Arme auf den Oberschenkeln oder, falls vorhanden, auf der Stuhllehne abgelegt. Das Klassenzimmer ist gut gelüftet.

Ziele:
→ Förderung der taktilen Wahrnehmung
→ Verbesserung der Durchblutung im Rückenbereich
→ Steigerung der Konzentrationsfähigkeit

Einsatz:
→ zur Entspannung
→ als guttuende Abwechslung im Unterricht

Tipps:
→ Zeigen Sie den Schülern kurz die Übung.
→ Die Schüler sollten sich gegenseitig eine Rückmeldung über ihr Wohlbefinden bei dieser Übung geben.

Nimm deine Sitzposition ein, die Stuhllehne ist nach vorne ausgerichtet, und lege deinen Kopf entspannt mit den Armen auf der Stuhllehne ab. Schließe deine Augen, und folge mit deiner Aufmerksamkeit nun den Berührungen, die dein Hintermann dir gibt, und höre auf den Wetterbericht:

Zum Abschluss unserer heutigen Nachrichten folgt nun der Wetterbericht für morgen.
Nach anfänglichem Frühnebel (lege deine Hände auf dem Rücken ab), der sich im Laufe des Vormittags auch entlang der Flüsse auflöst, kommen anfangs nur zögernd die ersten Sonnenstrahlen heraus (streife mit deinen Fingern den Rücken aus).
Zur Mittagszeit zeigt sich die Sonne jedoch wieder von der stärksten Seite und scheint kräftig auch in den Tälern.

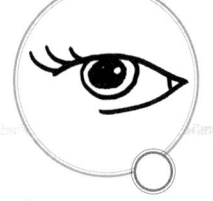

Am Nachmittag kommt jedoch von östlicher Richtung starker Wind auf (über den Rücken wischen) und bringt erst in den Bergen, dann auch in den Niederungen kräftige Gewitter (Zickzackbewegungen mit den Fingern am Rücken) mit heftigen Regenfällen mit sich (Klopfbewegungen).
Achtung: Es besteht die Gefahr von Graupel und Hagelniederschlägen im Bereich von Flusstälern! (intensivere Klopfbewegungen)
Dabei entwickelt sich ein orkanartiger Sturm mit einer Windgeschwindigkeit von ca. 100 km/Std. (intensives großflächiges Ausstreichen des Rückens).
Doch bald schon spüren wir die Erleichterung. Das Tiefdruckgebiet zieht schnell weiter und bringt uns die ersehnte Sonne zurück. (Finger ausstreifen)
Bis zur Wochenmitte bleibt das Wetter stabil mit viel Sonne und Wärme.

Beende die Übung nun mit einem kräftigen Strecken.

Wechsle anschließend den Platz, und wiederhole den Wetterbericht mit deinem Partner.

Es folgt eine kurze Rückmelderunde:

Wie hast du die unterschiedlichen Berührungen empfunden?

COOL DOWN!

Die Gesichtsmuskel-entspannung

Zeitbedarf: ca. 5 Min.

Vorbereitung: Die Schüler nehmen eine sitzende oder, falls möglich, eine liegende Position ein. Der Kopf kann nach vorne gebeugt auf dem Tisch abgelegt werden.

Ziele: → Entspannung und Lockerung der Gesichtsmuskeln
→ Aufmerksamkeitslenkung

Einsatz: → nach langen Konzentrationsphasen
→ zur Ruhefindung

Tipp: Beginnen Sie diese Übung stets mit einer bewussten Atemübung.

Ich lade dich jetzt zu einer Gesichtsmuskelentspannung ein.

Nimm eine liegende oder sitzende Haltung ein, und beobachte deinen Körper. Wie fühlt er sich im Augenblick an?

Lenke jetzt deine Gedanken dorthin, wo sie entstehen – zu deinem Kopf.

Spüre die Schwere deines Kopfes. Mit welcher Kraft drückt sich dein Kopf im Augenblick in deine Unterlage?

Spüre die ganze Auflagenfläche deines Kopfes, deinen Haaransatz, deine Stirn, deine Augen, deine Nase und deinen Mund.

Spanne nun mit der ganzen Kraft, die du im Augenblick aufbringen kannst, deine Muskeln im Gesicht an.

Presse die Lippen aufeinander, rümpfe deine Nase, kneife deine Augen fest zu, und runzle deine Stirn. Zähle nun langsam bis drei, und lasse anschließend schnell wieder los.

Die Gesichtsmuskel-entspannung

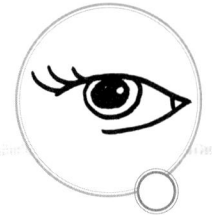

Spüre jetzt, wie deine Muskelfasern sich langsam wieder entspannen:

Spüre deine Lippen, wie leicht sie aufeinander liegen,

spüre deine Zunge im warmen Gaumen,

spüre deinen lockeren Oberkiefer und deinen entspannten Unterkiefer,

spüre deine Nase und deine Nasenflügel, wie sie sich bei jedem Einatmen nach außen wölben,

spüre deine Augenlider, wie sie sich schützend über deine Augen legen,

spüre deine Wimpern, wie sie sich ganz zaghaft berühren,

spüre dein „drittes Auge" – der entspannte Bereich zwischen deinen Augenbrauen,

spüre deine glatte, faltenlose Stirn,

und spüre den leichten Lufthauch, der dir über deine Gesichtshaut streicht.

Spüre dein ganzes Gesicht, wie angenehm entspannt es sich im Augenblick anfühlt. ✋ 1 Min.

Zaubere zum Abschluss ein Lächeln auf deine Lippen, und atme dieses Lächeln dreimal ganz tief ein.

Spüre die positive Kraft, die von diesem Lächeln ausgeht, und lasse das angenehme Gefühl lange in deinem Körper nachwirken.

Komme dann wieder in unseren Raum zurück, öffne die Augen, strecke und dehne deine Arme und Beine. Stehe langsam wieder auf, und schüttle deinen Körper noch einmal kräftig aus.

Es folgt eine kurze Rückmelderunde:

Wie fühlt sich deine Kopf/Gesicht jetzt an?

COOL DOWN!

Auf dem Weihnachtsmarkt

Zeitbedarf:	ca. 10 Min.
Vorbereitung:	Die Schüler sitzen oder liegen bequem auf ihrer Unterlage.
Ziele:	→ Wahrnehmungsschulung → Entspannung
Einsatz:	→ als Entspannungsübung vor anstrengenden Lern- phasen → als Wahrnehmungsübung
Tipp:	Mit Düften, wie z.B. Orange, Tannen, Glühwein und Lebkuchen, können Sie die Entspannung bewusst intensivieren.

Ich lade dich nun zu einem Spaziergang ins Reich der angenehmen Düfte ein.

Stelle dir eine winterliche Stimmung vor. Letzte Nacht hat es geschneit, und als du in aller Früh dein Fenster öffnest, strömt eine klare, frische Schneeluft in deine Nase ein. Die Geräusche, die von draußen an dein Ohr gelangen, sind durch die geschlossene Schneedecke sehr gedämpft.

Du entscheidest dich, heute den neu eröffneten Christkindlmarkt zu besuchen.

Auf dem Weg dorthin siehst du die vielen Leute, die sich trittsicher auf dem weichen Schnee bewegen. Du hörst das Knirschen des frischen Schnees unter deinen Schuhsohlen und findest die winterliche Stimmung sehr inspirierend für den Weihnachtsmarktbesuch.

Von Weitem kannst du bereits die süßen und deftigen Düfte wahrnehmen. Der Duft süßer Mandeln, Nüsse und Lebkuchen strömt tief in deine Nase ein. Welche Düfte kannst du noch erkennen? ✋ ca. 30 Sek.

Auf dem Weihnachtsmarkt

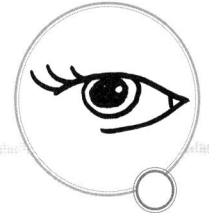

An den Weihnachtsständen entdeckst du viele weihnachtliche Krippenfiguren. Maria, Josef und die Heiligen Drei Könige und Engel gibt es in verschiedenen Größen und Materialien.

Wohin deine Augen auch blicken, entdeckst du Strohsterne, glänzenden Weihnachtsschmuck und bunte Kerzen in unterschiedliche Formen gegossen. Dein Antlitz spiegelt sich in den vielen glänzenden Christbaumkugeln wider.

Während du dich ganz im Zauber des weihnachtlichen Glanzes verlierst, hörst du eine Melodie, die dich magisch in den Bann zieht. ✋ 1 Min.

Lausche der Melodie, und spüre, wie die weichen, schwingenden Töne dein Innerstes berühren. Ziehe weiter an den Ständen vorbei, und spüre, wie deine Wahrnehmung an den zarten Klängen des Liedes haften bleibt.

Schlendere weiter, und lasse dich, getragen von der Atmosphäre, durch den Markt treiben.

Genieße eine Weile diese vorweihnachtliche Stimmung, blicke dich noch ein letztes Mal um, und verabschiede dich anschließend von deinem Weihnachtsmarktbummel.

Komme mit deiner Aufmerksamkeit wieder in unseren Raum zurück, und strecke deinen Körper nach allen Richtungen aus.

Es folgt eine kurze Rückmelderunde:

✖ *Welche Düfte konntest du noch riechen?*

✖ *Was gefiel dir besonders auf diesem Markt?*

✖ *Welche Lieder hast du gehört?*

COOL DOWN!

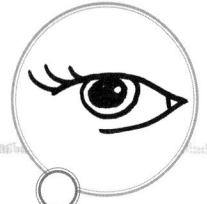

Gerüche erraten

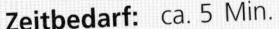

Zeitbedarf: ca. 5 Min.

Vorbereitung: Die Schüler wählen, je nach Möglichkeit, eine bequeme Sitz- oder Liegeposition aus.

Ziele: → Schulung der Sinneswahrnehmung
→ Konzentrationssteigerung durch Entspannung

Einsatz: → zur Ruhefindung
→ zur Stressbewältigung nach langen Unterrichtseinheiten

Tipp: Lüften Sie zur Einstimmung den Raum ausgiebig.

Die Übung beginnt mit einer kurzen Hinführung:
In vielen Bereichen des Alltags wird ganz gezielt mit Düften gearbeitet, z.B. in der Nahrungsmittelindustrie, in der Putzmittelindustrie oder in der Kosmetikbranche. Dabei werden Assoziationen lebendig, und diese bestimmen wiederum unser Wohlbefinden und unser Kaufverhalten.

Besuche mit mir verschiedene Stätten des Alltags:

→ Welche Gerüche verbindest du mit diesen Orten?
→ Sind diese Düfte wohltuend oder abschreckend?

Gehe mit deinen Gedanken am frühen Morgen in eine Bäckerei.
Lasse die Düfte in deine Nase einfließen:

→ Welche Düfte sind dominant, welche sind besonders wohlriechend?

Steige anschließend in einen Bus ein, in dem auffallend viele gut gekleidete Frauen sitzen:

→ Welche Gerüche vermutest du jetzt?
→ Sind sie für dich angenehm oder unangenehm?

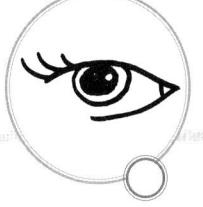

Verlasse nun den Bus, und gehe an einer Straßenbaustelle vorbei, an der gerade geteert wird:

→ Wie riecht frischer Teer? Angenehm oder unangenehm?

Du bewegst dich weiter Richtung Schule (Arbeit):

→ Hat diese Einrichtung für dich einen angenehmen oder weniger angenehmen Geruch?

Mache eine Mittagspause, und gehe zu einem Imbissladen, den du kennst:

→ Kannst du am Geruch die Nationalität der Küche erraten?

Die Pause ist vorbei. Du läufst in schnellem Lauftempo zurück oder treibst Sport:

→ Kannst du deinen Schweiß schon riechen?
→ Welcher Schweißgeruch ist dir angenehmer, dein eigener oder der von anderen Mitmenschen?
→ Gibt es Menschen, die du gut oder weniger gut riechen kannst und willst?

Für das Abendessen musst du noch zum Metzger einkaufen gehen:

→ Welcher Geruch strömt dir nun in die Nase?
→ Gibt es Gerüche, die du eher mit leerem Magen wahrnimmst?

Vor dem Abendessen nimmst du noch kurz ein Entspannungsbad:

→ Welche Düfte fließen jetzt in deine Nase ein?
→ Welche Düfte entspannen dich gut?
→ Ist das immer gleich?

Es folgt eine kurze Rückmelderunde:

✖ *Lässt du dich öfter bewusst von Gerüchen beeinflussen?*

✖ *Fallen dir Beispiele dazu ein?*

COOL DOWN!

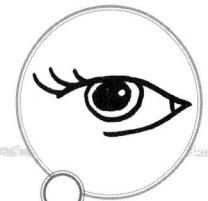

Kinesiologische Konzentrationsübung

Zeitbedarf: ca. 5 Min.

Vorbereitung: Die Schüler verteilen sich mit ausreichender Bewegungsfreiheit im Raum.

Ziele: → Entspannung durch vorherige Bewegung finden
→ Steigerung der Konzentrationsfähigkeit

Einsatz: → zur Auflockerung
→ als „Aufwecker" im Unterricht

Tipp: Langsames Tempo zum Einüben steigert den Erfolg.

Stelle dich schulterbreit auf den Boden. Dein Übungssatz lautet:
„Klatschen – Schenkel – Klatschen – Greifen –
Klatschen – Schenkel – Klatschen – Greifen"

Bei *„Klatschen"* klatscht du in beide Hände.
Bei *„Schenkel"* klatscht du auf deine Schenkel.
Beim zweiten *„Klatschen"* klatscht du wieder in die Hände.
Bei *„Greifen"* greifst du mit Daumen und Zeigefinger der rechten Hand an dein linkes Ohr und mit Daumen und Zeigefinger der linken Hand über Kreuz an deine Nase.

Jetzt wiederholt sich die Übung mit einer Änderung:
Bei *„Greifen"* wechselt deine rechte Hand zur Nase und deine linke Hand zum Ohr. Spreche den Übungssatz rhythmisch zur Übung.

Führe diese Übung eine Minute lang durch, damit die Aktivierung deiner Gehirnhälften erfolgreich verläuft.
Steigere bei regelmäßiger Durchführung allmählich das Tempo.

Schüttle dich abschließend kurz aus.

Der Augenblick

Zeitbedarf: ca. 5–10 Min.

Vorbereitung: Die Schüler verteilen sich paarweise stehend im Raum.

Ziele:
→ Selbstbewusstseinstraining
→ bewusste Fremdwahrnehmung
→ Konzentrationssteigerung

Einsatz:
→ zur Ruhefindung
→ zur Auflockerung

Tipp: Als „Warm up" für sozial und psychisch stabile Gruppen gut geeignet.

Stelle dich gut geerdet in Augenhöhe zum Partner auf.

Deine Aufgabe ist es nun, in den Augen deines Gegenübers zu lesen, ohne ein Wort zu sprechen.

Halte dem Blickkontakt eine Minute stand. Versuche, dem Blick nicht auszuweichen. Auf mein Zeichen hin wechselst du den Partner.

COOL
DOWN!

Der Augenblick

Es folgt eine kurze Rückmelderunde:

✖ *Was hast du in den Augen deiner Partner lesen können?*

✖ *Waren deren Blicke eher klar oder trüb, offen oder zurückhaltend?*

✖ *Welche Augenfarbe hatten deine Partner?*

✖ *Waren die Pupillen groß oder klein?*

✖ *Wie wirken kleine/große Pupillen auf dich?*

✖ *Hast du dich bei dieser Übung wohlgefühlt?*

✖ *War es leicht, die Blickkontakte zu halten?*

✖ *Welche Gedanken sind dir bei dieser Übung durch den Kopf gegangen?*

COOL DOWN!

Literatur- und Internettipps

Literaturtipps

Adams, Stefan:
Fantasiereisen für den Unterricht
Audio-CD
Universum Verlag, 2008
ISBN 978-3-89869-232-8

Seidl, Hans; Seidl, Marina:
Momente der Achtsamkeit:
55 Meditationsübungen für
Jugendliche
Don Bosco, 2006
ISBN 978-3-7698-1582-5

Petermann, Ulrike:
Entspannungstechniken für Kinder
und Jugendliche: Ein Praxisbuch
Beltz, 2007
ISBN 978-3-407-22177-3

Kunz, Yashni:
Entspannungs-CD für Jugendliche:
Ausgeglichenheit, Entspannung
und Leistungsfähigkeit erhöhen
Audio-CD
ZfDB Verlag, 2008
EAN 4260132380128

Hühn, Susanne:
Meditation, Entspannung,
Konzentration für Jugendliche
Schirner, 2009
ISBN 978-3-89767-638-1

Internettipps

www.labbe.de/zzzebra
Auf dieser Webseite finden Kinder und
Jugendliche unzählige Anregungen und
Spiele zum Entspannen und Wohlfühlen.
Werbefrei! Folgt den Links: Mein Körper
– Entspannung

www.wp-bilderwelten.de/
prosa-01.htm
Hier finden Sie eine Auswahl von wunderbaren Fantasiereisen in Wort und Bild.

www.oliverjunker.de
Hier finden Sie zahlreiche Artikel und
Fachbeiträge sowie Praxisanregungen zu
den Themen Stressbewältigung, Rituale
und Entspannung mit Kindern und
Jugendlichen.

www.volker-friebel.de
Auf dieser privaten Homepage finden
Eltern, Lehrer und Erzieher praktische
Tipps und Rituale, um mit Kindern und
Jugendlichen im Alltag zu entspannen.
Folgen Sie dem Link: Entspannung für
Kinder

Die in diesem Werk angegebenen Internet-
adressen haben wir geprüft (März 2011).
Da sich Internetadressen und deren Inhalte
schnell verändern können, ist nicht auszu-
schließen, dass unter einer Adresse inzwischen
ein ganz anderer Inhalt angeboten wird. Wir
können daher für die angegebenen Internet-
seiten keine Verantwortung übernehmen.

COOL
DOWN!

Verlag an der Ruhr

Postfach 10 22 51
45422 Mülheim an der Ruhr

Telefon 030/89 785 235
Fax 030/89 785 578

bestellungen@cornelsen-schulverlage.de
www.verlagruhr.de

Es gelten die Preise auf unserer Internetseite.

■ **Relax! Entspannt Lehrer sein**

Dr. Jessica Lütge
Für alle Altersstufen, 119 S., 21 x 22 cm,
Paperback, farbig
ISBN 978-3-8346-0544-3
Best.-Nr. 60544
19,80 € (D)/20,35 € (A)/32,– CHF

Pocket-Ratgeber Schule
■ **So läuft's rund im Referendariat**

Dr. Jessica Lütge
Für alle Schulstufen, 87 S., 10 x 16 cm,
Paperback, zweifarbig
ISBN 978-3-8346-0691-4
Best.-Nr. 60691
7,90 € (D)/8,10 € (A)/12,80 CHF

Pocket-Ratgeber Schule
■ **Antistress-Training für Lehrer**

Gerlinde Böpple
Für alle Schulstufen, 87 S., 10 x 16 cm,
Paperback, zweifarbig
ISBN 978-3-8346-0690-7
Best.-Nr. 60690
7,90 € (D)/8,10 € (A)/12,80 CHF

Pocket-Ratgeber Schule
■ **Kooperatives Lernen – kooperativer Unterricht**

Cordula Hoffmann
Für alle Schulstufen, 79 S., 10 x 16 cm,
Paperback, zweifarbig
ISBN 978-3-8346-0692-1
Best.-Nr. 60692
7,90 € (D)/8,10 € (A)/12,80 CHF

Strategien • Tipps • Praxishilfen